OEUVRES

DE

CHAPELLE

ET DE

BACHAUMONT

Paris. — Impr. Guiraudet et Jouaust, 338, rue Saint-Honoré.

ŒUVRES

DE

CHAPELLE

ET DE

BACHAUMONT

NOUVELLE ÉDITION

Revue et corrigée sur les meilleurs textes notamment
sur l'édition de 1732

PRÉCÉDÉE D'UNE NOTICE

PAR

M. TENANT DE LATOUR

A PARIS

CHEZ P. JANNET, LIBRAIRE

—

MDCCCLIV

NOTICE

J'aime peu l'association de plusieurs auteurs pour la composition d'un seul ouvrage : outre tous les autres inconvénients attachés au travail commun, il manque toujours à ce genre de productions (quelque mérite qu'elles puissent avoir d'ailleurs) ce charme de l'individualité de l'auteur se reflétant toute vivante dans le livre, et ce prestige qu'apporte toujours au livre le nom déjà plus ou moins heureusement connu de l'auteur. Chose singulière! jamais le dogme de l'individualité de l'écrivain n'a été l'objet d'un culte plus particulier que de notre temps, et jamais l'on n'a vu plus d'hommes de lettres s'associer pour concourir à la même œuvre. Il est vrai que cela n'a lieu généralement que pour la composition d'œuvres dramatiques, et que nos joyeux et spirituels vaudevillistes n'attachent pas beaucoup de prix à fanatiser les lecteurs en leur propre et privé nom. J'ajouterai, de plus, que l'inconvénient dont je parle est un peu moins sensible dans les pièces de théâtre qu'ailleurs, les personnages du drame devant seuls préoccuper le spectateur et absorber l'auteur lui-même. Cependant, rentré dans mon cabinet, lorsque je m'arrête à un trait de mœurs bien senti, j'aime assez à savoir s'il est de Brueys ou de Palaprat; si je suis frappé de la verve entraînante d'un brillant morceau de poésie, je serois bienaise qu'il fût signé du seul nom de Méry ou de Barthélemy. Enfin, j'ai toujours désiré me voir fixer, une fois pour toutes, sur la question de savoir si le délicieux madrigal :

> Sous ce berceau qu'amour exprès
> Fit pour toucher quelque inhumaine,

est décidément l'ouvrage de Chapelle ou bien celui de Bachaumont.

Après cette sorte de profession de foi contre les associations littéraires, je suis obligé de convenir (et, en ma qualité d'éditeur, cela me coûtera peu) que l'association de Chapelle et de Bachaumont est une de celles qui devoient le plus naturellement se former. En effet, la relation d'un voyage de peu de durée, ou plutôt d'une partie de plaisir faite en courant, est une véritable *pièce à tiroir*, dans laquelle les scènes se suivent, mais changent à chaque instant d'objet. Rien n'étoit plus propre à dispenser de l'*unité* qu'une œuvre de cette nature, et il est même probable que deux esprits aimables et variés ont mieux réussi dans l'exécution de cet ouvrage que n'eût pu le faire, seul, le plus habile des deux.

Continuons donc d'accepter, dans son ensemble, comme il est accepté en littérature depuis près de deux cents ans, cet être complexe qu'on appelle Chapelle et Bachaumont. Tel qu'il est arrivé jusqu'à nous, avec ses qualités et ses imperfections, il a pris son rang, et un rang qui a sa valeur, parmi les écrivains françois; aussi devoit-il être admis, un des premiers, dans cette suite de publications destinée à renfermer une certaine classe des richesses de notre langue. Seulement, faisons-lui avec sympathie, mais dans une mesure convenable, la part qui lui appartient en fait de préliminaires. Certes, il falloit compter sur une résignation des lecteurs qui n'est plus de ce temps-ci, pour écrire, ainsi qu'on l'a fait vers le milieu du siècle dernier, environ quatre-vingts pages, petit texte, de mémoires sur la vie de Chapelle, et presque autant de notes explicatives. D'autres, peut-être, ne lui ont pas fait pleine justice à cet égard. Evidemment la vie de Chapelle et celle de Bachaumont réunies ne contiennent pas les éléments d'une biographie étendue; leurs œuvres, d'un autre côté, ne fourniroient point la matière d'un grand travail bibliographique. Mais ici l'un peut aider à l'autre. La *personnalité* des deux auteurs se confond avec leur principal ouvrage. Parler de l'ouvrage, ce sera parler des auteurs. Cela ne m'empêchera nullement de leur réserver leur contingent de biographie spéciale. Mais, comme personne n'attend de moi rien de bien nouveau sur Chapelle, et que j'annonce ici, au contraire, une nouvelle édition de ses œuvres, les lecteurs trouveront assez raisonnable que je commence par ce dernier point.

Le principal éditeur, jusqu'à ce jour, de Chapelle et de Bachaumont, Lefèvre de Saint-Marc, a placé à la fin de son volume, publié en 1755, la note suivante :

« L'édition de 1732 diffère, en beaucoup
» d'endroits, de toutes les autres, mais elle est
» venue trop tard à ma connoissance pour que
» j'en fisse tout l'usage que j'aurois pu. J'aver-
» tis seulement ici *qu'on ne doit point réimpri-*
» *mer le Voyage* sans consulter cette édition,
» dont quelques leçons sont préférables aux an-
» ciennes, et même à celles du texte de M. de
» La Monnoye, que j'ai suivi.»

Admirons, avant tout, cette conscience antique, qui, lorsqu'un homme n'a rien négligé pour arriver à la perfection dans un ouvrage quelconque (et, en vérité, Saint-Marc s'en est approché d'assez près), le porte à frapper son œuvre d'une défaveur peut-être sans remède, en disant au public, à cet exigeant public : « Mon Dieu! je pouvois faire bien mieux que cela; les moyens en existoient, mais je les ai découverts trop tard; vous, mes successeurs, voilà où vous trouverez ce qui suffira pour me dépasser de beaucoup : ne manquez pas d'y recourir. » C'est ainsi qu'on traitoit autrefois (quand on avoit la loyauté de Saint-Marc) l'auteur qu'on avoit adopté. Assurément, tel éditeur qui voit tous les jours élever jusqu'aux nues sa savante exactitude rira bien d'une bonne foi aussi candide, et non probablement sans garder un sourire à ma candide admiration.

Quoi qu'il en soit, il étoit permis de penser qu'à partir de l'édition de Saint-Marc, ceux qui le suivroient dans cette route tiendroient quelque compte de son acte de contrition, profiteroient d'un avis si désintéressé. Cependant qu'est-il advenu? Depuis 1755, l'on a réimprimé à l'infini le Voyage de Chapelle, et, dans toutes les éditions qui m'ont passé sous les yeux, je n'ai retrouvé que le texte de La Monnoye, suivi, en général, par Saint-Marc, ou celui de Saint-Marc lui-même. En 1825, un des littérateurs les plus distingués de notre temps, Charles Nodier, prend part à la jolie collection dite des *Petits Classiques*, et y place naturellement le *Voyage de Chapelle et de Bachaumont*. Il fait, comme à son ordinaire, une charmante notice, cite un bon nombre des éditeurs qui ont précédé, touche un mot de la note de Saint-Marc, et livre le reste aux imprimeurs, qui suivent le texte de La Monnoye et ne prennent pas une virgule dans l'édition de 1732; une ou deux rencontres avec cette édition tenant probablement à de simples hasards. L'année d'après on veut faire un Chapelle in-8°, suivi de quelques voyages du même genre; on y joint le portrait des deux amis, dessinés gracieusement dans le même médaillon par Desenne, et l'on annonce que c'est là une réimpression de Saint-Marc. Pour le coup, je crois tenir une édition parfaite; je trouve, en effet, la note à la place qu'elle occupe dans l'édition de 1755; j'en retrouve aussi deux ou trois autres où Saint-Marc a reproduit ses regrets; mais tous ces avertissements de l'ancien éditeur, si scrupuleusement conservés, restent comme non avenus. Sans égard pour la singularité d'un pareil rapprochement, Saint-Marc est suivi dans toutes les erreurs qu'il s'afflige de n'avoir pas pu éviter; et voilà comment souvent des erreurs bien autrement importan-

NOTICE.

tes se perpétuent par l'incurie de ceux qui auroient pu le plus facilement les rectifier.

Je cède peut-être un peu trop à une disposition qu'on reproche assez généralement aux éditeurs, en faisant ressortir les défauts de ceux qui ont pris part, jusqu'ici, aux réimpressions de Chapelle ; mais, en vérité, c'est là surtout l'effet du désappointement d'un amateur de livres, mécontent de n'avoir pu placer sur ses rayons que des éditions imparfaites, lorsque l'attention la plus ordinaire, le plus léger sentiment des obligations d'un homme qui travaille pour le public éclairé, suffisoient pour faire du premier venu, parmi ceux qui s'occupent de la matière, un éditeur plus méritant que celui qui vous parle ici.

Mais il est temps de dire quelque chose de ce qui doit faire prendre au sérieux la note que j'ai citée en commençant.

Bien que d'abord je me fusse fort émerveillé de l'extrême bonne foi de Saint-Marc, lorsque j'eus pris une connoissance détaillée de l'édition de 1732, je trouvai qu'il avoit été bien froid, qu'il avoit dit trop peu, en se bornant à recommander aux éditeurs futurs de ne pas manquer de consulter cette édition avant toute chose. En effet j'ai dû, en définitive, m'arrêter à la pensée que, si un nouvel éditeur n'a rien de mieux à faire que de prendre pour type général la composition, la forme de l'édition de Saint-Marc, c'est le texte entier de celle de 1732 qu'il doit, à très peu d'exceptions près, suivre avec exactitude. Ses variantes, a dit, comme en courant, Charles Nodier, sont *un peu dénuées d'autorité.* S'il entend par là qu'elles ne présentent pas les garanties d'un éditeur aussi connu que Saint-Marc ou La Monnoye, outre que Saint-Marc, par sa note, leur a donné de son autorité personnelle tout ce qu'il pouvoit leur donner, qu'on me dise où se trouve, en l'absence d'un manuscrit original, la véritable autorité, sinon dans un choix intelligent fait entre les leçons des plus anciennes, des meilleures éditions, et accepté par le bon sens.

Si c'est précisément de ce dernier genre d'autorité qu'a voulu parler Charles Nodier, de l'autorité d'un sens déterminant, d'un sens qui saisit de prime abord le lecteur, assurément l'édition de 1732 ne le cède à aucune autre. L'envisageant d'abord dans son ensemble, je me sens de la confiance pour une édition qui se présente sans aucun fracas, sans un éditeur de renom tout hérissé de subtilités bibliographiques, une édition dont on vous dit avec simplicité qu'elle a été corrigée *sur un manuscrit qui a probablement appartenu à un ami de Chapelle,* sans que rien vienne certifier, mais sans que rien vienne contredire cette assertion. Lorsque en-

NOTICE. 13

suite, examinant les corrections, j'y trouve non pas de ces termes qui indiquent un littérateur contemporain corrigeant arbitrairement un écrivain tant soit peu vieilli, mais plus généralement, au contraire, un retour aux formes de langage connues pour être usitées par l'auteur, et qu'enfin le bon sens vient donner la dernière autorité à ces corrections, cela me semble devoir déterminer une préférence absolue, et je ne vois pas, en effet, ce qu'on pourroit demander de plus quand il ne s'agit, comme je l'ai dit, que de faire un choix parmi différentes leçons dont aucune n'est appuyée par un manuscrit autographe, la seule grande autorité devant laquelle tout doive céder.

Venons à quelques citations.

Je laisse de côté un grand nombre de mots et de membres de phrases séparés où toutes les conditions que je viens d'indiquer sont en faveur de l'édition de 1732.

Je ne dis rien non plus de l'omission de quelques vers isolés dans celle de 1755, parceque ces fautes appartiennent à cette édition elle-même, et qu'on retrouve les vers oubliés dans le texte de La Monnoye, que Saint-Marc avoit suivi.

Mais je rapporterai deux ou trois passages où manquent, dans toutes les éditions, tantôt des vers entiers, tantôt telle disposition de mots dont l'absence altère le sens lui-même, et sur lesquels l'édition de 1732 donne pleine satisfaction.

Il s'agit d'abord de l'apparition du dieu d'un petit ruisseau du pied des Pyrénées, qui vient expliquer à nos deux voyageurs, assis sur ses bords, les mystères du flux et reflux, notamment dans la Garonne.

Dans l'édition de Saint-Marc et dans le texte de La Monnoye, le dieu leur dit :

> Car tous les dits et les redits
> De ces vieux conteurs de jadis
> Ne sont que contes d'Amadis.

On trouve dans l'édition de 1732 :

> Car tous les dits et les redits
> De ces vieux conteurs que jadis
> *On crut avoir tant de lumières*
> Ne sont que contes d'Amadis.

Il n'est, certes, besoin d'aucune autorité proprement dite pour légitimer ce vers :

> On crut avoir tant de lumières,

ainsi que la rédaction qui l'amène, et le bon sens le plus ordinaire suffit seul, assurément, pour montrer que ce vers-là ne manque ailleurs que par une omission fautive.

Nulle nécessité de rime, ni même de sens, à rigoureusement parler, ne rendoit ce vers indispensable. Dans ceux qui suivent, trois ou

NOTICE. 15

quatre sont terminés en *ières*, et, par conséquent, aucun éditeur n'a été conduit à le tirer forcément de son *crû*, comme le fait Saint-Marc un peu plus loin. Ainsi ce vers, qui non seulement se trouve là sans que son absence eût pu être remarquée de personne, mais qui rend la période beaucoup plus naturelle et beaucoup plus complète, avoit été omis par les éditeurs précédents ; cela me paroît constaté.

La fiction continue : Chapelle, en élève manqué de Gassendi, voulant faire un peu de poésie scientifique, se fait raconter par le dieu comment la Garonne, renforcée de tous ses affluents, offense, par son outrecuidance, Neptune, qui la repousse avec indignation et la fait refluer

Plus de six heures en arrière.

Je commence par le bon texte. Cela est ainsi exprimé dans l'édition de 1732 :

La Garonne . . . .
. . . .
Sembla le vouloir offenser,
Car d'une orgueilleuse manière
Deux fois Neptune elle pressa,
Qui, comme il a l'humeur altière,
Amèrement s'en courrouça,
Et d'une mine froide et fière
Deux fois si loin la repoussa,
Que cette insolente rivière

Toutes les *deux fois* rebroussa
Plus de six heures en arrière.

Voilà bien le *flux* et *reflux*. C'est du fatras, assurément, que fait là le pauvre Chapelle ; mais, fatras pour fatras, encore vaut-il mieux le fatras qui est évidemment de l'auteur, et qui, bien ou mal, explique quelque chose, que le fatras sur lequel ont renchéri les éditeurs, et qui n'explique absolument rien.

Or je ne reproduirai pas ici le texte de La Monnoye, de Saint-Marc et des autres; je me bornerai à remarquer que chez aucun d'eux ne se lit ce vers, d'un sens si précis et si nécessaire :

Deux fois Neptune elle *pressa*,

et qui est le correspondant indispensable de cet autre vers :

Deux fois si loin la *repoussa*.

Au milieu de ces nombreuses *rimes redoublées*, spécialité de Chapelle, rien n'obligeoit, sous le rapport de la forme, d'introduire ces mots : *elle pressa,* car, comme plus haut pour les rimes en *ières*, on trouve là trois autres rimes en *ssa*. Le sens seul étoit en souffrance, et, pour lui donner une demi-satisfaction, les éditeurs auxquels manquoit le vers nécessaire ont tordu le véritable texte (j'appelle toujours ainsi celui de 1732), et ils ont dit :

> La Garonne. . . . .
> Sembla le vouloir offenser.
> Lui, d'une orgueilleuse manière,
> Comme il a l'humeur fort altière,
> Amèrement s'en courrouça,
> Et d'une mine, etc.

Ici Neptune (la mer) n'est point *pressé* par la Garonne et ses affluents ; seulement il trouve à cette rivière un air insolent qui lui déplaît ; alors c'est lui qui, sans autre provocation ,

> D'une orgueilleuse manière, etc.

Je laisse au lecteur à juger où est le véritable sens, et si ce n'est pas là surtout une de ces leçons qui faisoient regretter si amèrement à Saint-Marc d'avoir connu trop tard cette édition de 1732, dont se sont si peu souciés ses successeurs.

Mais un peu plus loin se trouve une leçon que cet éditeur, à ce qu'il semble, étoit encore à temps d'adopter, et qu'il a néanmoins écartée, on va voir par quelle singulière raison.

Nos deux Epicuriens, transportés d'admiration à la pensée d'un dîner que leur a donné le président de Marmiesse, sont en quête d'une muse digne de les inspirer pour la description de ce repas ; et, dans toutes les éditions qui ont précédé celle de Saint-Marc, ils arrivent aux cinq vers suivants, qu'ils écrivent ainsi :

> A qui donc adresser ses vœux
> En des occasions pareilles?
> Est-ce à vous, Bacchus, roi des treilles?
> Mais, pour rimer, Bacchus et Come
> Sont des dieux de peu de secours.

Ma foi, pour le coup, les rimes redoublées faisoient défaut. Il n'y avoit pas abondance, comme dans les autres cas, où le bon sens seul étoit atteint, ce qui inquiète si peu certains éditeurs. Ici la rime et la raison demandoient aussi impérieusement l'une que l'autre un vers qui finît en *eux*. La Monnoye s'en est passé; la plupart de ceux qui l'ont suivi s'en sont passés aussi. Un vers de moins, lorsque l'auteur est quelque peu ancien, il y a des gens aujourd'hui qui trouveroient que ça ne fait pas mal; cela porte avec soi un petit avant-goût d'exactitude qui honore un éditeur. Mais Saint-Marc n'en étoit pas encore là : il lui falloit absolument son vers en *eux*; qu'a-t-il fait alors, ce bon Saint-Marc? Ma foi, il a fait le vers lui-même, puis il l'a présenté à ses lecteurs avec toutes les précautions de modestie obligées.

Après ce vers :

> Est-ce à vous, Bacchus, roi des treilles?

il a dit :

> *A vous, Dieu des mets savoureux*,

voulant indiquer par là *Comus*, afin d'arriver au vers de Chapelle :

Mais, pour rimer, Bacchus et Come, etc.

Ce n'étoit pas bon ; dans tous les cas, ce n'étoit pas le vrai. Mais voici que vient l'édition de 1732, qui dit tout simplement :

A qui donc adresser ses vœux
En des occasions pareilles?
Est-ce à Come, est-ce au dieu des treilles,
Ou bien seroit-ce à tous les deux ?
Mais, pour rimer, Bacchus et Come, etc.

Cette version est, assurément, la plus naturelle du monde, et la véritable, tout l'atteste. En effet, indépendamment du caractère de vérité qu'elle porte avec elle, il semble que, dans une occasion où il ne s'agissoit pas seulement des *plaisirs de Bacchus*, et où l'on vante avant tout la grande chère, *Come*, le dieu des festins, a dû être invoqué le premier. Mais le siége de Saint-Marc étoit fait ; il avoit son vers, comme Lemierre, et il dit que ce qui l'empêche d'adopter cette correction, c'est qu'il considère comme indispensable de conserver le vers :

Est-ce à vous Bacchus, roi des treilles?

qui, se lisant dans toutes les anciennes éditions, est certainement, selon lui, de Chapelle. Comment ! ce vers seroit nécessairement de Chapelle, dans la contexture qu'on lui a donnée, parcequ'il se lit dans toutes les anciennes éditions? Mais, d'abord, est-il bien sûr de les avoir toutes lues, les éditions de Chapelle? Et puis, ce vers se trouvât-il, en effet, dans toutes, dès qu'il s'y trouve seul, l'argument tombe de lui-même, et rien n'empêche que la faute n'en soit à un mauvais manuscrit. Le motif allégué par Saint-Marc ne peut donc tenir contre un texte dont la supériorité a été reconnue par lui-même, et qui, d'ailleurs, est appuyé ici d'une autorité bien autrement importante que la sienne, d'une autorité que nous avons déjà proclamée la seule véritablement imposante parmi toutes les autres, l'autorité du bon sens.

Tels sont les passages sur lesquels, à raison de leur importance relative, j'ai cru devoir appeler plus particulièrement l'attention des lecteurs. Restent maintenant, comme je l'ai déjà dit, une foule de mots, de membres de phrase, qui, dans l'édition de 1732, sont substitués à d'autres ou qui s'y trouvent ajoutés avec plus ou moins de bonheur. Enfin, à la suite du minutieux travail d'examen, de contrôle, de rapprochements de textes, auquel je me suis livré, je me crois fermement autorisé à émettre cette assertion un peu usée, j'en conviens, dans la bouche des éditeurs, mais de-

vant la banalité de laquelle je ne recule point :
C'est ici la première édition véritablement
exacte du *Voyage de Chapelle et de Bachaumont*.

Je n'ai point eu, pour continuer mon travail sur les pièces diverses, les mêmes ressources que pour le Voyage. Cependant je n'ai pas été, même pour cet objet particulier, sans points de comparaison importants, et j'ai soumis aussi cette partie du volume à une révision scrupuleuse. Je dis une révision scrupuleuse pour ce qui concerne l'exactitude rigoureuse du texte, car, pour ce qui touche les pièces en elles-mêmes, il en est quelques unes (et malheureusement de celles qui ne sont pas les moins ingénieuses), qu'une trop grande liberté d'expression, la liberté de l'époque, nous auroit peut-être portés à ne point admettre si nous eussions été les premiers éditeurs. Mais chacun sait qu'il est, en matière de publications littéraires, une nécessité à laquelle nul ne sauroit se soustraire sans de graves inconvénients, la nécessité de n'être pas moins complet que ses prédécesseurs. Nous avons donc reproduit, tout entière, l'édition de Saint-Marc, édition si estimable et si estimée dans sa généralité. Au reste, s'il y a eu, de la part de cet éditeur, quelque exagération à recueillir non seulement tout ce qui appartenoit avec certitude, mais même tout ce que la tradition attribue à Chapelle et à Bachaumont, nous sommes moins que qui que ce soit porté à lui en faire un reproche. Lorsqu'un auteur, après voir produit une sorte de chef-d'œuvre, s'est borné à l'accompagner de quelques morceaux plus ou moins variés, fussent-ils plus ou moins médiocres (et il y en a ici de charmants), les lecteurs aiment à y chercher l'occasion de comparaisons piquantes, de rapprochements curieux, surtout si cet auteur a conquis une grande popularité dans le monde à la fois et dans les lettres. Cette dernière pensée me conduit naturellement à la nécessité de donner enfin des détails biographiques sur les deux hommes dont nous nous occupons.

Chapelle étoit ce que ceux qui veulent tout relever en abandonnant le mot propre appellent un enfant de l'amour. Son père fut M. François Luillier, maître des requêtes, conseiller au parlement de Metz, homme d'esprit, et fort répandu de son temps. Sa mère s'appeloit Marie Chanut; elle le mit au monde, en 1626, à La Chapelle-Saint-Denis, d'où lui vint ce nom de guerre qu'il porta toujours depuis, même après que son père, l'ayant reconnu en 1642, lui eut donné le sien. C'est ainsi qu'il a été, pour toutes les biographies, Claude Emmanuel Luillier, dit Chapelle.

NOTICE. 23

M. Luillier, comme je viens de le dire, étoit fort répandu dans le monde ; il l'étoit surtout parmi les hommes de lettres et parmi les savants : Gassendi, Saumaise, Peiresc, Balzac. Sa liaison avec Gassendi particulièrement devint si intime qu'il l'obligea, au premier voyage que le savant fit à Paris, en 1624, de s'établir tout à fait chez lui, et qu'il en fut de même lorsque Gassendi revint à Paris en 1641, et qu'il y passa près de sept ans. Pendant ce dernier séjour, Gassendi, frappé des humanités distinguées qu'avoit faites le jeune Chapelle chez les jésuites, voulut être lui-même son maître de philosophie. Aux leçons qu'il lui donnoit assistèrent aussi, à la demande de Chapelle, Bernier, un de ses condisciples, depuis savant voyageur, savant philosophe, qui a publié un abrégé fort estimé de la philosophie de Gassendi, et Molière, notre divin Molière, avec lequel Chapelle s'étoit lié aussi au collége, et pour toute la vie. Faire sa philosophie sous la direction personnelle de Gassendi, c'étoit, assurément, une belle fin des travaux scholaires, devenue encore plus frappante pour nous par la célébrité dont les autres noms qui s'y mêlent ont été accompagnés dans les temps qui ont suivi.

Tout permettoit d'espérer que d'excellentes études, couronnées par les soins d'un maître qui joignoit à tant de science une grande rigidité de mœurs, donneroient aux idées de Chapelle une direction plus grave que celle qu'elles suivirent dès le début. Mais il ne faut pas trop s'étonner si l'exemple de son père, ami du plaisir autant que des lettres, si jusqu'au sang qu'il tenoit de lui, firent de l'enfant de l'amour un homme toujours si bien en rapport avec toutes les circonstances de son origine. Il paroît même que les goûts frivoles de Chapelle, pour ne rien dire de plus, l'entraînèrent dans des égarements de jeunesse qui portèrent des tantes, aux soins desquelles il avoit été confié pendant une absence de M. Luillier, à lui faire subir une détention de quelques mois à Saint-Lazare, d'où il nous est resté une description de cette prison que donnent assez ordinairement les éditeurs mêmes qui ne joignent pas au Voyage les autres morceaux de l'auteur. Enfin, après des erreurs plus ou moins blâmables, plus ou moins excusables, un voyage en Italie et plusieurs courses dans le Midi, Chapelle, âgé déjà de vingt-six ans, perdit son père, qui, ne croyant pas devoir laisser sa grande fortune à quelqu'un que tout présentoit comme fort capable de la dissiper promptement, se borna, dans le propre intérêt de son fils, à lui léguer une rente viagère, les uns disent de huit mille, les autres de quatre mille francs. Quoi qu'il en soit, la plus faible de ces deux sommes étoit très suffisante, dans ce temps-là, pour assurer à Chapelle une existence à la fois douce et convenable. Ce fut alors qu'il prit dans le monde littéraire et dans la société proprement dite la place qu'il y occupa toujours depuis.

Dans les premiers temps de cette indépendance tant désirée par Chapelle et enfin conquise, l'on put craindre qu'il ne se livrât plus que jamais aux mauvaises relations de sa première jeunesse; mais, il faut le dire à son très grand honneur, c'est précisément de cette époque d'une entière liberté que date sa fréquentation de sociétés toutes différentes de celles qu'il avoit suivies jusque là. Sans doute il y portoit des avantages très propres à le faire rechercher de tous : une grande culture d'esprit, cet enjoûment naturel toujours parfaitement sûr de plaire, un goût prononcé pour les choses de l'imagination, enfin cette facilité à manier la langue du monde qui sert si puissamment à faire valoir tous les autres dons. Mais comme, d'après ses antécédents, Chapelle fut nécessairement obligé de faire partout les premières avances, et comme jamais aucune de ses démarches ne fut dictée par des vues d'ambition, ce choix indique, de sa part, de bien plus heureuses tendances qu'il n'avoit été encore permis de lui en supposer. Sans doute, dans ses nouvelles relations, l'on trouve toujours un grand nombre d'hommes de plaisir ; mais ces hommes sont les d'Effiat, les Vendôme, les De Vardes ; il en est aussi que, joyeuseté comprise, l'amour des lettres contribue à rendre ses amis ou ses patrons : l'abbé de Chaulieu, le grand Condé, le duc de Nevers, les deux ducs de Sully, et bon nombre d'autres. Dans les lettres seules, c'est Boileau, c'est Racine, c'est Segrais, celui-ci à la fois homme de lettres et homme de cour, c'est Molière surtout ; enfin Chapelle est, j'en conviens, le membre le moins grave, ou plutôt le plus léger, de la bonne compagnie, mais c'est du moins à la bonne compagnie qu'il appartient désormais ; il a décidément rompu avec la mauvaise, ce qu'il auroit pu faire, je suis obligé de l'avouer ici, sans imaginer, comme il l'a fait, pour soutenir le ton de plaisanterie adopté dans le récit de son Voyage, toute cette histoire de d'Assoucy, menacé d'être brûlé à Montpellier pour ses mauvaises mœurs : notre amitié eût-elle été le plus malheureusement surprise, il n'est jamais permis de manquer entièrement d'égards pour le souvenir des liens mêmes qu'on a dû briser.

A côté de cette situation d'homme d'esprit, d'homme jovial et recherché, bien que portant

NOTICE. 27

dans le monde quelques uns de ces défauts de
tenue qu'on n'y excuse pas toujours, Chapelle
s'étoit acquis la réputation d'homme de goût,
d'homme littéraire, plutôt que le titre d'auteur
proprement dit. En effet, tandis qu'à cette époque les véritables auteurs ne prodiguoient pas
ce titre (et ils avoient grandement raison), les
hommes du monde eux-mêmes se gardoient
bien d'y prétendre au premier mouvement de
verve qui les agitoit. Ils aimoient bien mieux,
d'ailleurs, en tant que gens de cour, qui,
comme chacun sait, avoient le privilége de
tout savoir sans avoir rien appris, montrer
qu'ils pouvoient faire des vers tout comme les
gens de lettres, et assurément ni le duc de
Saint-Aignan, ni le duc de Nevers lui-même,
ne vouloient être considérés comme des auteurs de profession. Chapelle, quoique loin
d'appartenir à un pareil bord, mais mû par
d'autres motifs, ne songeoit guères plus qu'eux
à la qualité d'auteur, pour avoir donné aux
recueils du temps quelques pièces plus ou moins
agréables, lorsqu'il disoit :

 Tout bon fainéant du Marais
 Fait des vers qui ne coûtent guère.
 Pour moi, c'est ainsi que j'en fais,
 Et, si je les voulois mieux faire,
 Je les ferois bien plus mauvais.

Non ; toujours insouciant et toujours incapable

d'occupation fixe, Chapelle s'est trouvé d'un seul coup, sans s'en douter, au nombre des écrivains notables de notre langue, à peu près comme Mme de Sévigné, toute proportion gardée, en ne songeant qu'à exprimer, sans aucun effort, sa tendresse maternelle, et à conter, comme elle les apprenoit, les historiettes du temps, s'est trouvée un beau matin à la tête de tous les épistolaires françois.

Chapelle a besoin d'aller prendre les eaux d'Encausse, au pied des Pyrénées; c'étoit en septembre 1656. Saint-Marc a fait d'innombrables rapprochements pour fixer avec précision cette date, et il me paroît y être parvenu. Le Coigneux de Bachaumont est obligé de faire le même voyage; ils sont du même monde, ils sont amis, et s'arrangent pour le faire ensemble. Soit avant de partir, soit après être partis, l'idée leur vient de le raconter, moitié prose moitié vers, aux deux frères du Broussin, autres amis des lettres, et surtout du plaisir, qu'ils avoient laissés à Paris. Que falloit-il pour faire une narration plus ou moins agréable? Beaucoup d'esprit, beaucoup de gaîté; il falloit surtout beaucoup de naturel. Les deux amis avoient un grand fonds de toutes ces bonnes choses, et ce fut ainsi qu'ils donnèrent, comme en se jouant, au monde des lettres,

. . . . . Le récit de ce voyage,

> Qui du plus charmant badinage
> Est la plus charmante leçon.

Ce jugement est de Voltaire. Au reste, tous les contemporains avoient déjà jugé de la même manière, car ce fut probablement alors que Callières caractérisa, comme il le fit, Chapelle, dans les vers qui suivent, vers parfaitement vrais après le Voyage, mais après le Voyage seulement:

> Esprit aisé, naturel, libertin,
> Et possédé d'une douce manie,
> Chapelle fit admirer son génie
> Sans imiter auteur grec ni latin.
> Comme l'on voit d'une source féconde
> Couler sans art les eaux d'un clair ruisseau,
> Tels les beaux vers couloient de son cerveau,
> Et, s'en allant errer parmi le monde,
> Y répandoient un plaisir tout nouveau.

Mais voici que je me livre à de simples appréciations littéraires, lorsque j'ai promis des détails biographiques. C'est qu'en effet il n'y a guère lieu qu'à de pures appréciations littéraires ou personnelles, et qu'on n'a véritablement rien, ou presque rien, à raconter. J'ai beau compulser toutes les biographies, je ne rencontre généralement que tel ou tel trait, tel ou tel mot de Chapelle, et presque toujours lorsqu'il s'est, dit-on, livré outre mesure aux plaisirs de la table. J'imagine qu'on a cru, par là, le peindre plus au naturel. Mais est-ce bien ce que fait, ce que dit un homme lorsqu'il est à peu près privé de sa raison, qui peut rendre avec exactitude son véritable caractère? Ensuite, ai-je l'entière certitude que la plupart de ces anecdotes n'aient pas été inventées pour aider à remplir des *ana*? Est-ce qu'on pourroit me garantir toutes les circonstances de ce prétendu souper tête à tête avec un maréchal de France, souper à la suite duquel Chapelle et son commensal font le projet d'aller prêcher la foi aux infidèles, puis, se divisant sur une question de préséance, sur l'importante question de savoir auquel des deux appartiendra l'honneur d'être empalé le premier, se précipitent l'un sur l'autre et se gourment à qui mieux mieux, jusqu'à ce que leurs domestiques viennent les séparer?

Est-ce que, malgré les assurances de Racine le fils, je puis prendre au sérieux cet éternel conte du souper d'Auteuil chez Molière, où les convives, après une longue dissertation philosophique sur les misères de la vie, prennent, d'un accord unanime, la résolution d'y échapper en allant tous se jeter dans la Seine, et, Chapelle en tête, auroient mis leur dessein à exécution si Molière, éveillé à temps, ne leur avoit persuadé d'attendre le grand jour, afin que le soleil pût éclairer une action si éclatante, à laquelle lui-même promettoit de prendre part?

Certes, s'il y a eu quelque fondement à cette histoire tant rebattue, je ne croirai jamais qu'à une de ces plaisanteries poussées à l'excès que l'on fait parfois dans l'ivresse, comme certains fous, mendiants des rues, pour augmenter l'intérêt en leur faveur, feignent d'être plus fous encore qu'ils ne le sont véritablement.

Cependant je sens bien que je ne puis pas rendre compte d'une vie qui s'est passée tout entière en anecdotes et n'en donner aucune au lecteur. Je vais donc reproduire ici celles qui me sembleront le plus vraisemblables, et qui sont peut-être, en même temps, le plus véritablement gaies. Ainsi, sans m'arrêter à l'originalité un peu forcée du fait, je commence par celui qui, selon toutes les apparences, a eu lieu le matin et avant boire, comme on disoit dans ce temps-là.

Le duc de Brissac, allant passer une saison dans ses terres d'Anjou, obtint de la paresse de Chapelle qu'il iroit l'y passer avec lui. L'on part de Paris, et, après quelques jours de route, c'est Angers qui est le point de repos, où, arrivés d'assez bonne heure, ils doivent dîner et coucher. Chapelle profite de l'occasion pour aller voir une de ses anciennes connoissances, chanoine de la cathédrale. Il dîne chez lui et y passe le reste de la soirée. Le lendemain matin, au moment du départ, il va trouver le duc de

Brissac et lui dit avec quelque embarras, mais avec résolution, qu'il lui est impossible de l'accompagner plus loin ; que, la veille, il a trouvé, sur la table du chanoine son ami, un vieux Plutarque, où il a lu, à l'ouverture du livre : *Qui suit les grands serf devient*. Le duc de Brissac repousse de toutes ses forces un pareil rapprochement ; il lui dit que cela ne peut s'entendre d'un ami particulier, que Chapelle est le sien, qu'il sera maître absolu chez lui, et qu'il ne sera permis à personne d'y troubler sa liberté. Il eut beau insister, Chapelle répondit toujours : « Cela ne vient pas de moi ; c'est Plutarque qui l'a dit, mais je trouve que Plutarque a raison. » Et, cela disant, il prit congé du duc de Brissac et repartit pour Paris.

J'accepte très volontiers ceci comme trait de caractère, puisque Chapelle, alors, étoit vraisemblablement à jeun, ou à peu près. Seulement, je suis disposé à croire, pour ne pas le charger de ce qu'il peut y avoir d'un peu outré dans cette anecdote, que, pendant les quelques jours de tête à tête qui avoient précédé, le duc de Brissac avoit bien pu, de manière ou d'autre, lui fournir l'occasion d'appliquer la maxime de Plutarque, et qu'il l'avoit fait intervenir ainsi, moitié figue, moitié raisin, pour mettre fin, en ce qui le concernoit, à ce voyage, sans le faire trop sérieusement.

Puisqu'on veut que tout cela soit de la biographie, je puis citer aussi une autre histoire où figure un grand, bien autrement grand que le duc de Brissac, et qui prouve que Chapelle ne se gênoit pas assez avec eux pour craindre le servage dont Plutarque menace ceux qui les suivent.

Le grand Condé l'avoit invité à souper deux jours d'avance, pendant un séjour de Fontainebleau. Le jour arrivé, Chapelle pousse sa promenade du côté du Mail et s'amuse à regarder jouer quelques officiers avec des personnes de la cour. Il devient bientôt un des éléments de la galerie, juge plusieurs coups, et, le jeu fini, les joueurs parviennent aisément à l'emmener dans un cabaret voisin prendre sa part du repas qui avoit servi d'enjeu. Là il s'oublie, suivant son usage, avec des gens fort disposés à s'oublier aussi, et que charme sa gaîté pleine d'esprit et de verve. Cela dure plusieurs heures, et dépasse de beaucoup celle qui avoit été fixée par le grand Condé. Le lendemain, Chapelle va trouver le prince et se croit parfaitement excusé par le récit de son aventure, qu'il termine ainsi : « Je vous assure, monseigneur, que c'étoient des gens fort aisés à vivre que ceux qui m'ont donné ce souper. » L'on pense bien que le prince de Condé ne s'amusa pas à se formaliser d'un manque de parole si naïvement expliqué.

J'essaierois, moi, d'expliquer encore ceci d'une autre manière, si je ne craignois pas qu'on ne me reprochât d'altérer l'originalité naturelle de notre auteur en donnant toujours un motif plus ou moins raisonnable à ses excentricités.

Chapelle, bien traité à quelques égards par le grand Condé, n'étoit cependant pas, on ne sait trop pourquoi, au nombre des hommes de lettres qu'il admettoit à son intérieur de Chantilly. L'on trouve dans les pièces diverses la parodie suivante, qui porte évidemment les traces d'un homme piqué de cette sorte d'exclusion :

> Que fait à Chantilly Condé, ce grand héros
>   Et le plus bel esprit de la nature?
> Il admire les vers de trois ou quatre sots,
>   Et c'est de quoi Chapelle ici murmure.
> Se peut-il qu'aujourd'hui ce prince si parfait
>   N'ait plus qu'un Martinet
>   Pour son Voiture?

Ne se pourroit-il pas que Chapelle, usant, abusant peut-être un peu de l'indulgence qu'on avoit dans le grand monde pour la liberté de ses allures, eût voulu montrer ainsi au prince, en sauvegardant les apparences par une feinte naïveté, peu d'empressement pour une faveur qui ne lui étoit accordée que dans une certaine mesure. On a souvent attribué aux hommes de lettres de l'ordre de Chapelle le défaut d'être quelque peu parasites; mais, comme ils sont en même temps hommes d'esprit, et généralement hommes de goût, il ne faudroit pas s'étonner que les plus adroits ou les plus dignes sussent mettre, sinon de l'art, du moins une retenue qui seroit plus que de l'art jusque dans le genre de penchant qui, à tort ou à raison, leur est reproché.

Dans cette longue suite d'anecdotes de toute nature, il en est une de cabaret, puisque cabaret il y a, tellement consacrée, tellement citée partout, qu'il n'y a pas moyen de ne point la rapporter ici. Mais, si ce n'est dans l'intérêt de Chapelle, dont la réputation d'habitué de taverne n'a guère rien à perdre auprès des lecteurs, je veux, du moins, dans l'intérêt général de la vérité, faire, avant tout, une remarque qui n'a pas été assez faite en pareil cas. Le cabaret, lieu où l'on vendoit du vin et des liqueurs à ceux qui s'y réunissoient, n'étoit pas frappé, dans le siècle de Louis XIV, de la juste défaveur qui pèse aujourd'hui sur lui. Les cafés, plus ou moins fréquentés de nos jours par les hommes les mieux élevés, n'existoient pas alors, ou du moins n'avoient pas pris encore le développement qui les a rendus depuis si populaires, de manière que ceux qui vouloient trouver un petit moment d'indépendance en dehors de la famille alloient au cabaret comme on va aujourd'hui au café, toutefois avec cette conformité entre les deux époques, qu'un homme qui délaissoit la bonne compagnie pour passer sa vie au cabaret encouroit la même déconsidération qui frapperoit, de notre temps, ce qu'on appelle un coureur de cafés.

Chapelle, il faut bien le dire, hantoit le cabaret un peu plus que n'auroit dû le faire un homme adopté par la bonne société. Ses amis de toutes les classes, qui ne voyoient pas sans douleur tant de belles qualités obscurcies par un aussi grand défaut, ne cessoient de l'engager, sur tous les tons, à prendre des habitudes plus en rapport avec le monde dans lequel il étoit admis. Ce *tolle* universel ne laissoit pas que de lui causer de l'embarras. Un jour, après quelque incartade publique, suite d'un excès de ce genre, il fut rencontré dans la rue par Despréaux, et lui parut assez confus de ses derniers torts pour lui donner l'espoir d'obtenir plus de succès d'une nouvelle tentative qu'il n'en avoit obtenu jusque alors. Despréaux attaque donc la question, de la manière à la fois la plus vive et la plus amicale, et n'oublie rien de ce qui pouvoit agir sur une intelligence aussi distinguée. Chapelle est vraiment ébranlé ou semble l'être : Vous avez rai-

son, lui dit-il ; je reconnois qu'il est temps que
tout cela finisse ; il faut décidément que je me
corrige d'un aussi déplorable défaut. Despréaux lui saute au cou. Oui, oui, continue
Chapelle, cela est mille fois vrai. Entrons nous
asseoir ici, mon cher ami ; suivez vos raisonnements si justes et ne m'épargnez pas. Il
pousse Boileau dans un cabaret qui se trouvoit
là ; on leur apporte une bouteille de vin ; ils la
boivent, en continuant de traiter le même sujet ; une autre succède, et puis une autre.
Enfin, Despréaux toujours prêchant et Chapelle
toujours promettant, ils s'enivrèrent si bien
qu'il fallut, assure-t-on, les reporter chez eux.

Rien n'oblige, comme on pense bien, d'accorder une entière croyance à ce dernier cou-
ronnement de l'entrevue ; mais l'anecdote, dans
ce qui en fait le fond, semble du moins confirmée par ce joli couplet de Chapelle en réponse
à la chanson de Despréaux faite à Baville :

Que Baville me semble aimable, etc.

Qu'avecque plaisir du haut style
Je te vois descendre au quatrain !
Bon Dieu ! que j'épargnai de bile
Et d'injures au genre humain
Quand, renversant ta cruche à l'huile,
Je te mis le verre à la main.

Je termine par une anecdote qui, de toutes

celles que j'ai lues sur Chapelle, m'a toujours semblé le mieux peindre la nature de ses rapports avec les grands maîtres du XVIIe siècle, lesquels, comme on sait, le consultoient tous, fois ou autre, sur des ouvrages si divers. C'est la seconde dans les *Mémoires et Anecdotes* de Segrais. Saint-Marc s'est contenté de l'analyser; mais elle n'a tout son caractère de vérité que dans Segrais lui-même, et je crois devoir le citer ici textuellement :

« J'étois, dit Segrais, logé proprement et com-
» modément au Luxembourg, et j'y fis un jour
» un régal à Despréaux, à Puymorin, son frè-
» re, à Chapelle et à M. d'Elbéne, à qui je tâ-
» chois de faire tout le bien que je pouvois
» dans le mauvais état de ses affaires. La fête
» étoit faite pour lire un chant du Lutrin de
» Despréaux, qui le lut après qu'on eut bien
» mangé. Quand il vint aux vers où il est par-
» lé des cloches de la Sainte-Chapelle (ce sont
» ceux-ci :

Les cloches dans les airs de leurs voix argentines
Appeloient à grand bruit les chantres à matines),

» Chapelle, qui se prenoit aisément de vin,
» lui dit : Je ne te passerai pas *argentines,* ar-
» gentine n'est pas un mot françois. Despréaux
» continuant de lire sans lui répondre, il re-
» prit : Je te dis que je ne te passerai pas ar-

» gentines ; cela ne vaut rien. Despréaux ré-
» partit : Tais-toi, tu es ivre. Chapelle répli-
» qua : Je ne suis pas si ivre de vin que tu es
» ivre de tes vers. Leur dialogue fut plaisant,
» et M. d'Elbéne, qui avoit du goût, prit le
» parti de Chapelle. Il étoit tard quand Des-
» préaux et Puymorin se retirèrent, et je me
» couchai. Chapelle et M. d'Elbéne demeurè-
» rent près du feu, se mirent à plaisanter sur
» le mot d'*argentine*, et dirent mille choses sur
» ce sujet qui m'empêchoient de dormir, mais
» qui me divertissoient beaucoup. »

J'ai dit que cette anecdote me paraissoit rendre parfaitement le caractère des rapports de Chapelle avec Boileau, Molière, etc. J'ajouterai qu'elle explique très bien aussi à quel titre ces hommes de génie daignoient le consulter quelquefois sur leurs écrits. Certes, dans ce cas particulier, la raison comme la postérité ont donné tort à Chapelle; mais reportons-nous au temps. Cette expression *voix argentines*, laquelle rend merveilleusement le son des cloches de petite dimension, étoit alors une expression hardie, qui, trouvée par le génie de Boileau, pouvoit bien, en dépassant celui de quelques uns de ses amis, effaroucher un goût un peu timoré. En effet, ne semble-t-il pas entendre un classique des plus distingués de 1820 critiquant telle expression, quelque peu hasardée, de M.

de Lamartine, et universellement acceptée depuis? Ainsi, ce jugement de Chapelle, tout erroné qu'il étoit assurément, n'en indiquoit pas moins un homme d'un goût généralement sûr, et que ses illustres amis pouvoient, à juste titre, consulter dans l'occasion, sauf à se réserver le droit de prononcer en dernier ressort.

J'ai cherché à montrer ici, de mon mieux, ce que fut Chapelle, beaucoup plus que ce qu'il fit; car, au bout du compte, il ne fit jamais rien, sinon quelques sottises plus ou moins saillantes, plus ou moins spirituelles, ce qui ne constitue guère la matière d'une biographie comme on l'entend généralement. Mais, en définitive, malgré toute sa légèreté de conduite, malgré son insouciance en toute chose, malgré tous les défauts que nous lui avons reconnus, ce n'étoit pas un homme ordinaire que celui qui, par ce que nous appelons aujourd'hui de fortes études, et surtout par un goût plus épuré qu'on n'eût cru pouvoir l'attendre d'une pareille nature, fut jugé en état de donner des conseils aux premiers hommes du plus grand siècle littéraire de la monarchie; qui, par les aimables qualités de son esprit et de son caractère, put conquérir une sorte de vogue dans la plus haute société de ce siècle; enfin qui, sous la simple inspiration d'une gaîté naturelle, sut, avec les accidents vulgaires d'un voyage ordonné par les médecins, produire un des ouvrages les plus spirituels, les plus agréables et les plus populaires que nous possédions en françois.

Chapelle mourut à Paris en 1686, au mois de septembre, âgé d'environ soixante ans.

Quant à son compagnon de voyage, François Le Coigneux, seigneur de Bachaumont, les éléments biographiques, bien que d'un ordre moins terre-à-terre, sont encore plus restreints. Né en 1624, et, par conséquent, de deux années plus âgé que Chapelle, il étoit le fils puîné du président Le Coigneux, qui figura si activement dans les troubles de la Fronde, et il l'y seconda de tout son pouvoir. Son frère aîné devant succéder à leur père dans sa charge, Bachaumont fut pourvu d'une place de conseiller-clerc. Il eut un sentiment assez vif des lettres; mais il se contenta de les cultiver en homme du monde, faisant des couplets plus ou moins piquants contre Mazarin et des pièces plus ou moins jolies pour ses maîtresses. Saint-Marc n'a pu en réunir que quatre, dont il ne garantit pas même l'authenticité. Nous les donnons à la suite de celles de Chapelle.

Après la guerre de la Fronde, Bachaumont se démit de son emploi et se retira tout à fait des affaires publiques pour se livrer entièrement à ses goûts littéraires et à ses plaisirs. Ce fut sans doute ce rapport de penchants qui amena sa liaison avec Chapelle et cette communauté dans le voyage d'Encausse, ainsi que dans la relation qui le suivit. Si, comme le dit Voltaire avec une entière assurance, suivant son usage, et sans citer d'autre autorité que la sienne, Bachaumont étoit l'auteur des vers sur un berceau du parc de M. d'Aubijoux, ce morceau étant évidemment le diamant de l'ouvrage, la palme de la communauté lui appartiendroit sans conteste. Mais ici j'entre tout à fait dans la pensée de Ch. Nodier, qui remarque à ce sujet que Voltaire, jaloux de toutes les gloires, cherche toujours à les éparpiller pour les amoindrir. J'ajouterai qu'en attribuant le morceau à celui des deux voyageurs qui étoit le mieux posé dans le monde, il enlevoit cette pièce à la lutte littéraire pour en faire un heureux hasard, une sorte de madrigal à la Sainte-Aulaire; en un mot une de ces bonnes fortunes qui ne tirent pas à conséquence pour la réputation d'auteur. En effet, rien, comme je l'ai dit, ne prouve que cette assertion ait pris naissance ailleurs que dans la pensée de Voltaire, qui, comme sur tant d'autres choses, n'en croyoit lui-même peut-être pas un mot. Les pièces qui restent de Bachaumont sont encore plus loin que celles de Chapelle de ce délicieux morceau. Segrais dit, en parlant de Chapelle : « Il est auteur du voyage qui a paru sous son nom et sous celui de Bachaumont, *qui peut y avoir eu part, car il avoit aussi beaucoup d'esprit.* » Est-ce ainsi qu'eût parlé un contemporain, et un contemporain comme Segrais, du collaborateur de Chapelle, s'il l'avoit jugé capable de faire ce qu'il y avoit de mieux dans l'ouvrage commun ? Certes les égards pour la qualité, pour la position plus nette et plus distinguée de Bachaumont, ne manquèrent pas dans ce temps-là. Il fut d'abord nommé le premier dans toutes les éditions; La Monnoye, en 1714, dit encore : *Voyage de MM. de Bachaumont et La Chapelle* (1). L'éditeur de 1732 en fait autant. Saint-Marc

---

(1) Il y eut parfois confusion entre Chapelle et La Chapelle, auteur de différentes pièces dramatiques. L'abbé de Chaulieu fit l'épigramme suivante à l'occasion d'une publication où l'on avoit réuni quelques unes de leurs poésies :

>   Lecteur, sans vouloir t'expliquer
>   Sur cette édition nouvelle
>   Ce qui pourroit t'alambiquer
>   Entre Chapelle et La Chapelle,
>   Lis leurs vers, et dans le moment
> Tu verras que celui qui si maussadement
>   Fit parler Catulle et Lesbie
>   N'est point cet aimable génie
>   Qui fit ce Voyage charmant,
>   Mais quelqu'un de l'Académie.

le premier rétablit avec justice l'ordre des noms, que l'ascendant littéraire de Chapelle a fini par rendre définitif. Ne donnons donc pas à Bachaumont, sur le seul dire de Voltaire, ce que les premiers, les véritables juges, ne lui ont pas donné. C'est précisément lorsque, protégé par un grand nom, l'on se croit dispensé de tout examen, qu'on est le plus exposé à faire de grandes injustices, ou, du moins, à propager de grandes erreurs.

Au reste, ceux qui veulent absolument que Bachaumont ait laissé une création quelconque trouveront suffisamment de quoi se satisfaire dans le fait suivant. C'est lui qui créa le nom de la *Fronde* (la faction), mot qui, dans ce sens particulier, appartient maintenant au Dictionnaire de l'Académie avec tous ses dérivés. Un jour, au sein d'une réunion de frondeurs, lesquels ne s'appeloient pas encore ainsi, Bachaumont dit que le Parlement faisoit comme ces écoliers qui, se livrant à l'exercice de la fronde dans les fossés de Paris, se séparoient dès qu'ils apercevoient le lieutenant de police, et se réunissoient de nouveau lorsqu'ils ne le voyoient plus. La comparaison réussit, et ce fut alors que les ennemis du ministre, ayant pris comme signe d'opposition des cordons de chapeau en forme de fronde, furent appelés *frondeurs;* le mot est resté.

Bachaumont avoit épousé la mère de Mme de Lambert, et n'avoit pas peu contribué, dit-on, à former l'auteur des *Avis d'une mère à sa fille*. Il mourut en 1702, âgé de 78 ans. Son ami Chapelle n'avoit pas pu pousser sa carrière épicurienne aussi loin.

Je me plaignois, en commençant, qu'on se fût généralement trop étendu sur les circonstances d'une vie qui offre aussi peu d'événements sérieux et autant d'anecdotes frivoles que la vie de Chapelle. J'ai cherché à me renfermer dans de justes limites, et je ne suis cependant pas bien sûr qu'aucun lecteur ne me fasse le reproche que j'ai adressé à mes prédécesseurs.

Tenant de Latour.

Le voyage et les autres écrits de Chapelle et de Bachaumont appellent un assez grand nombre de notes explicatives, tant sur des personnages maintenant loin de nous que sur divers points de localité. Saint-Marc n'a pas précisément multiplié ses notes outre mesure, mais il les a rendues parfois, sans aucune nécessité, d'une longueur interminable. C'est ainsi qu'il a donné la plupart du temps des détails également étendus ou touchant des hommes tout-à-fait obscurs et qu'il n'y avoit aucune raison de mieux faire connoître, ou concernant des écrivains trop universellement connus pour qu'il fût besoin de s'étendre ainsi sur leur compte, même dans un temps où l'histoire littéraire étoit moins répandue qu'elle ne l'est aujourd'hui. Nous n'avons donc admis des notes de Saint-Marc, concurremment avec les nôtres, que la partie donnant des indications qu'il nous eût fallu sans cela donner nous-même ; seulement, lorsque ces notes ont contenu des jugements littéraires ou autres, nous les avons signées avec soin du nom de leur auteur, tant pour ne pas nous approprier ce qui lui appartient que pour lui laisser la responsabilité entière de ses appréciations.

T. DE L.

VOYAGE

DE

CHAPELLE ET DE BACHAUMONT

'est en vers que je vous écris,
Messieurs les deux frères (1), nourris
Aussi bien que gens de la ville;
Aussi voit-on plus de perdrix
En dix jours chez vous qu'en dix mille
Chez les plus friands de Paris.

Vous vous attendez à l'histoire
De ce qui nous est arrivé
Depuis que, par le long pavé

---

(1) Le marquis et le comte du Broussin. C'est ce comte du Broussin, grand *gastronome*, grand *viveur*, comme on dit aujourd'hui, qui, suivant le *Boloeana*, se fit donner un jour par Boileau, ainsi qu'à d'autres amis de même humeur, un dîner dont ils furent tous si contents, que du Broussin, pour parler la langue de la maison, le qualifia de repas *sans faute*.

Qui conduit aux rives de Loire,
Nous partîmes pour aller boire
Les eaux, dont je me suis trouvé
Assez mal, pour vous faire croire
Que les destins ont réservé
Ma guérison et cette gloire
Au remède tant éprouvé
Et par qui, de fraîche mémoire,
Un de nos amis s'est sauvé
Du bâton à pomme d'ivoire.

Vous ne serez pas frustrés de votre attente, et vous aurez, je vous assure, une assez bonne relation de nos aventures : car monsieur de Bachaumont, qui m'a surpris comme j'en commençois une mauvaise, a voulu que nous la fissions ensemble ; et j'espère qu'avec l'aide d'un si bon second, elle sera digne de vous être envoyée.

CHAPELLE.

Contre le serment solennel que nous avions fait, monsieur Chapelle et moi, d'être si fort unis dans le voyage, que toutes choses seroient en commun, il n'a pas laissé, par une distinction philosophique, de prétendre en pouvoir séparer ses pensées ; et, croyant y gagner, il s'étoit caché de moi pour vous écrire. Je l'ai surpris sur le fait, et je n'ai pu souffrir qu'il eût seul cet avantage. Ses vers m'ont paru d'une manière si aisée, que, m'étant imaginé qu'il étoit bien facile d'en faire de même,

Quoique malade et paresseux,

Je n'ai pu m'empêcher de mettre
Quelques uns des miens avec eux.
Ainsi le reste de la lettre
Sera l'ouvrage de tous deux.

Bien que nous ne soyons pas tout à fait assurés de quelle façon vous aurez traité notre absence, et si vous méritez le soin que nous prenons de vous écrire et de vous rendre ainsi compte de nos actions, nous ne laissons pas néanmoins de vous envoyer le récit de tout ce qui s'est passé dans notre voyage, si particulier que vous en serez assurément satisfaits. Nous ne vous ferons point souvenir de notre sortie de Paris, car vous en fûtes témoins, et peut-être même que vous trouvâtes étrange de ne voir sur nos visages que des marques d'un médiocre chagrin. Il est vrai que nous reçûmes vos embrassements avec assez de fermeté, et nous vous parûmes sans doute bien philosophes

Dans les assauts et les alarmes
Que donnent les derniers adieux ;
Mais il fallut rendre les armes
En quittant tout de bon ces lieux
Qui pour nous avoient tant de charmes ;
Et ce fut lors que de nos yeux
Vous eussiez vu couler des larmes.

Deux petits cerveaux desséchés n'en peuvent pas fournir une grande abondance, aussi furent-elles en peu de temps essuyées, et nous vîmes le Bourg-la-Reine d'un œil sec. Ce fut en ce lieu que nos pleurs cessèrent et que notre appétit commença. Mais l'air de la campagne l'avoit rendu si grand dès sa naissance, qu'il devint tout à fait pressant vers Antoni et presque insupportable à Long-Jumeau. Il nous fut impossible de passer outre sans l'apaiser auprès d'une fontaine, dont l'eau paroissoit la plus claire et la plus vive du monde.

> Là deux perdrix furent tirées
> D'entre les deux croûtes dorées
> D'un bon pain rôti, dont le creux
> Les avoit jusque là serrées,
> Et d'un appétit vigoureux
> Toutes deux furent dévorées
> Et nous firent mal à tous deux.

Vous ne croirez pas aisément que des estomacs aussi bons que les nôtres aient eu de la peine à digérer deux perdrix froides ; voilà pourtant, en vérité, la chose comme elle est. Nous en fûmes toujours incommodés jusqu'à Saint-Euverte, où nous couchâmes, deux jours après notre départ, sans qu'il arrivât rien qui mérite de vous être mandé. Vous savez le long séjour que nous y fîmes, et vous savez encore que M. Boyer, dont tous les jours nous espérions l'arrivée, en fut la cause. Des gens qu'on oblige d'attendre et qu'on tient si long-temps en incertitude ont apparemment de méchantes heures ; mais nous trouvâmes moyen d'en avoir de bonnes dans la conversation de M. l'évêque d'Orléans (1), que nous avions

---

(1) Alphonse d'Elbéne, évêque d'Orléans.

l'honneur de voir assez souvent, et dont l'entretien est tout à fait agréable. Ceux qui le connoissent vous auront pu dire que c'est un des plus honnêtes hommes de France, et vous en serez entièrement persuadés quand nous vous apprendrons qu'il a

> L'esprit et l'âme d'un Delbéne,
> C'est-à-dire, avec la bonté,
> La douceur et l'honnêteté,
> Cette vertu mâle et romaine
> Qu'on respecte en l'antiquité.

Nos soirées se passoient le plus souvent sur les bords de la Loire, et quelquefois nos après-dînées, quand la chaleur étoit plus grande, dans les routes de la forêt qui s'étend du côté de Paris. Un jour, pendant la canicule, à l'heure que le chaud est le plus insupportable, nous fûmes bien surpris d'y voir arriver une manière de courrier assez extraordinaire,

> Qui, sur une mazette outrée
> Bronchant à tout moment, trottoit.
> D'ours sa casaque étoit fourrée,
> Comme le bonnet qu'il portoit;
> Et le cavalier rare étoit
> Tout couvert de toile cirée,
> Qui, par le soleil retirée
> Et fondant, partout dégouttoit.

> Ainsi l'on peint dans des tableaux
> Un Icare tombant des nues,
> Où l'on voit dans l'air répandues
> Ses ailes de cire en lambeaux,

Par l'ardeur du soleil fondues,
Choir autour de lui dans les eaux.

La comparaison d'un homme qui tombe des nues avec un qui court la poste vous paroîtra peut-être bien hardie ; mais si vous aviez vu le tableau d'un Icare, que nous trouvâmes quelques jours après dans une hôtellerie, cette vision vous seroit venue comme à nous, ou tout au moins vous sembleroit excusable. Enfin, de quelque façon que vous la receviez, elle ne sauroit paroître plus bizarre que le fut à nos yeux la figure de ce cavalier, qui étoit par hasard notre ami d'Aubeville. Quoique notre joie fût extrême dans ce rencontre, nous n'osâmes pourtant pas nous hasarder de l'embrasser en l'état qu'il étoit. Mais, sitôt

Qu'au logis il fut retiré,
Débotté, frotté, déciré,
Et qu'il nous parut délassé,
Il fut comme il faut embrassé.

Nous écrivîmes en ce temps-là comme, après avoir attendu l'homme que vous savez inutilement, nous résolûmes enfin de partir sans lui. Il fallut avoir recours à Blavet pour notre voiture, n'en pouvant trouver de commodes à Orléans. Le jour qu'il nous devoit arriver un carrosse de Paris, nous reçûmes une lettre, au matin, de M. Boyer, par laquelle il nous assuroit qu'il viendroit dedans et que ce soir-là nous souperions ensemble. Après donc avoir donné les ordres nécessaires pour le recevoir, nous allâmes au devant de lui. A cent pas des portes parut, le long du grand chemin, une manière de coche fort délabré, tiré par quatre vilains chevaux et conduit par un vrai cocher de louage.

Un équipage en si mauvais ordre ne pouvoit être que ce que nous cherchions, et nous en fûmes assurés quand deux personnes qui étoient dedans, ayant reconnu nos livrées, firent arrêter ;

>Et lors sortit avec grands ris
>Un béquillard d'une portière
>Basané, courbé, sec et gris,
>Béquillant de même manière
>Que Boyer béquille à Paris.

A cette démarche, qui n'eût cru voir M. Boyer? Et cependant c'étoit le petit Duc avec M. Potel. Ils s'étoient tous deux servis de la commodité de ce carrosse, l'un pour aller à la maison de monsieur son frère auprès de Tours, et l'autre à quelques affaires qui l'appeloient dans le pays. Après les civilités ordinaires, nous retournâmes tous ensemble à la ville, où nous lûmes une lettre d'excuse qu'ils apportoient de la part de M. Boyer, et cette fâcheuse nouvelle nous fut depuis confirmée de bouche par ces messieurs. Il nous assurèrent que, nonobstant la fièvre qui l'avoit pris malheureusement cette nuit-là, il n'eût pas laissé de partir avec eux, comme il l'avoit promis, si son médecin, qui se trouva chez lui par hasard à quatre heures du matin, ne l'en eût empêché. Nous crûmes sans beaucoup de peine que, puisqu'il ne venoit pas après tant de serments, il étoit assurément

>Fort malade et presque aux abois,
>Car on peut, sans qu'on le cajole,

Dire pour la première fois
Qu'il auroit manqué de parole.

Il fallut donc se résoudre à marcher sans M. Boyer. Nous en fûmes d'abord un peu fâchés, mais, avec sa permission, en peu de temps consolés. Le souper préparé pour lui servit à régaler ceux qui vinrent à sa place, et, le lendemain, tous ensemble nous allâmes coucher à Blois. Durant le chemin la conversation fut un peu goguenarde; aussi véritablement étions-nous avec des gens de bonne compagnie. Étant arrivés, nous ne songeâmes d'abord qu'à chercher M. Colomb. Après une si longue absence, chacun mouroit d'envie de le voir. Il étoit dans une hôtellerie avec M. le président Le Bailleul (1), faisant si bien les honneurs de la ville, qu'à peine nous pût-il donner un moment pour l'embrasser. Mais le lendemain à notre aise nous renouvelâmes une amitié qui, par le peu de commerce que nous avions eu depuis trois années, sembloit avoir été interrompue. Après mille questions faites toutes ensemble, comme il arrive ordinairement dans une entrevue de fort bons amis qui ne se sont pas vus depuis long-temps, nous eûmes, quoique avec un extrême regret, curiosité d'apprendre de lui, comme de la personne la plus instruite et que nous savions avoir été le seul témoin de tout le particulier,

(1) Louis-Dominique de Bailleul, marquis de Château-Gontier, seigneur de Vatetot-sur-Mer, de Soisy, d'Etioles, etc., président à mortier.

Ce que fit, en mourant, notre pauvre ami Blot (1),
Et ses moindres discours et sa moindre pensée.
La douleur nous défend d'en dire plus d'un mot :
Il fit tout ce qu'il fit d'une âme bien sensée.

Enfin, ayant causé de beaucoup d'autres choses qu'il seroit trop long de vous dire, nous allâmes ensemble faire la révérence à son altesse royale (2), et de là dîner chez lui avec monsieur et madame la présidente Le Bailleul (3).

Là, d'une obligeante manière,
D'un visage ouvert et riant,
Il nous fit bonne et grande chère,
Nous donnant à son ordinaire
Tout ce que Blois a de friand.

Son couvert étoit le plus propre du monde; il ne souffroit pas sur sa nappe une seule miette de pain. Des verres bien rincés, de toutes sortes de figures, brilloient sans nombre sur son buffet, et la glace étoit tout autour en abondance.

En ce lieu seul nous bûmes frais,
Car il a trouvé des merveilles

(1) Le baron de Blot, gentilhomme de Monsieur, Gaston, duc d'Orléans, très bel esprit, très libertin et très satirique. Les curieux conservent de lui quelques chansons. (*Saint-Marc.*)

(2) Gaston-Jean-Baptiste, duc d'Orléans, frère de Louis XIII, mort à Blois le 8 de février 1660. Il s'y étoit retiré en 1652.

(3) Marte Le Ragois de Bretonvillers, présidente de Bailleul.

Sur la glace et sur les baquets,
Et pour empêcher les bouteilles
D'être à la merci des laquais.

Sa salle étoit parée pour le ballet du soir, toutes les belles de la ville priées, tous les violons de la province assemblés, et tout cela se faisoit pour divertir madame Le Bailleul.

Et cette belle présidente
Nous parut si bien ce jour-là,
Qu'elle en devoit être contente.
Assurément elle effaça
Tant de beautés qu'à Blois on vante.

Ni la bonne compagnie, ni les divertissements qui se préparoient, ne purent nous empêcher de partir incontinent après le dîner. Amboise devoit être notre couchée; et, comme il étoit déjà tard, nous n'eûmes que le temps qu'il falloit pour y pouvoir arriver. La soirée se passa fort mélancoliquement dans le déplaisir de n'avoir plus à voyager sur la levée et sur les rives de cette agréable rivière (1),

Qui, par le milieu de la France,
Entre les plus heureux coteaux
Laisse en paix répandre ses eaux,
Et porte partout l'abondance
Dans cent villes et cent châteaux,
Qu'elle embellit de sa présence.

Depuis Amboise jusqu'à Fontallade, nous vous

(1) La Loire.

épargnerons la peine de lire les incommodités de quatre méchants gîtes, et à nous le chagrin d'un si fâcheux ressouvenir. Vous saurez seulement que la joie de M. de Lussans (1) ne parut pas petite de voir arriver chez lui des personnes qu'il aimoit si tendrement. Mais, nonobstant la beauté de sa maison et sa grande chère, il n'aura que les cinq vers que vous avez déjà vus :

> Ni les pays où croît l'encens,
> Ni ceux d'où vient la cassonade,
> Ne sont point pour charmer les sens
> Ce qu'est l'aimable Fontallade
> Du tendre et commode Lussans.

Il ne se contenta pas de nous avoir si bien reçus chez lui, il voulut encore nous tenir compagnie jusqu'à Blaye. Nous nous détournâmes un peu de notre chemin pour aller rendre tous ensemble nos devoirs à M. le marquis de Jonzac, son beau-frère (2). Un compliment de part et d'autre décida la visite, et de tous (3) les offres qu'il nous fit, nous n'acceptâmes que des perdreaux et du pain tendre. Cette provision nous fut assez nécessaire, comme vous allez voir :

> Car entre Blayes et Jonzac
> On ne trouve que Croupignac.

(1) Roger d'Esparbès de Lussan, dit le comte de Lussan.
(2) Léon de Sainte-Maure, comte de Jonzac.
(3) Chapelle fait partout *offre* du masculin.

Le Croupignac est très funeste :
Car le Croupignac est un lieu
Où six mourants faisoient le reste
De cinq ou six cents que la peste
Avoit envoyés devant Dieu ;
Et ces six mourants s'étoient mis
Tous six dans un même logis.
Un septième, soi-disant prêtre,
Plus pestiféré que les six,
Les confessoit par la fenêtre,
De peur, disoit-il, d'être pris
D'un mal si fâcheux et si traître.

Ce lieu si dangereux et si misérable fut traversé brusquement ; et, n'espérant pas trouver de village, il fallut se résoudre à manger sur l'herbe, où les perdreaux et le pain tendre de M. de Jonzac furent d'un grand secours. Ensuite d'un repas si cavalier, continuant notre chemin, nous arrivâmes à Blaye, mais si tard, et le lendemain nous en partîmes si matin, qu'il nous fut impossible d'en remarquer la situation qu'à la clarté des étoiles. Le montant, qui commençoit de très bonne heure, nous obligeoit à cette diligence. Après donc avoir dit mille adieux à Lussans (1) et reçu mille baisers de lui, nous nous embarquâmes dans une petite chaloupe et voguâmes long-temps avant le jour.

(1) Nous avons cru devoir, par divers motifs, conserver aux noms propres, dans le texte, l'orthographe des anciennes éditions ; l'on sait combien cette orthographe varioit souvent, surtout pendant la première moitié du dix-septième siècle.

Mais, sitôt que par son flambeau
La lumière nous fut rendue,
Rien ne s'offrit à notre vue
Que le ciel et notre bateau,
Tout seul dans la vaste étendue
D'une affreuse campagne d'eau.

La Garonne est effectivement si large depuis qu'au Bec des Landes d'Ambez elle est jointe avec la Dordogne, qu'elle ressemble tout à fait à la mer; et ses marées montent avec tant d'impétuosité, qu'en moins de quatre heures nous fîmes le trajet ordinaire,

Et vîmes au milieu des eaux
Devant nous paroître Bordeaux,
Dont le port en croissant resserre
Plus de barques et de vaisseaux
Qu'aucun autre port de la terre.

Sans mentir, la rivière en étoit alors si couverte, que notre felouque eût bien de la peine à trouver une place pour aborder. La foire, qui se devoit tenir dans peu de jours, avoit attiré cette grande quantité de navires et de marchands, quasi de toutes les nations, pour charger les vins de ce pays :

Car ce fâcheux et rude port
En cette saison a la gloire
De donner tous les ans à boire
Presque à tous les peuples du nord.

Ces marchands emportent de là tous les ans

une effroyable quantité de vins, mais ils n'emportent pas les meilleurs. On les traite d'Allemands, et nous apprîmes qu'il étoit défendu non seulement de leur en vendre pour l'enlever, mais encore de leur en laisser boire dans les cabarets. Après être descendus sur la grève et avoir admiré quelque temps la situation de cette ville, nous nous retirâmes au Chapeau-Rouge, où M. Talleman nous vint prendre aussitôt qu'il sut notre arrivée. Depuis ce moment, nous ne nous retirâmes dans notre logis, pendant notre séjour à Bordeaux, que pour y coucher. Les journées toutes entières se passoient le plus agréablement du monde chez M. l'intendant : car les plus honnêtes gens de la ville n'ont pas d'autre réduit que sa maison. Il n'y a point d'homme dans le parlement qui ne soit ravi d'être de ses amis. Il a trouvé même que la plupart étoient ses cousins; et on le croiroit plutôt le premier président de la province que l'intendant. Enfin, il est toujours le même que vous l'avez vu, hormis que sa dépense est plus grande. Mais, pour madame l'intendante, nous vous dirons en secret qu'elle est tout à fait changée.

> Quoique sa beauté soit extrême,
> Qu'elle ait toujours ce grand œil bleu
> Plein de douceur et plein de feu,
> Elle n'est pourtant plus la même :
> Car nous avons appris qu'elle aime,
> Et qu'elle aime bien fort le jeu.

Elle, qui ne connoissoit pas autrefois les cartes, passe maintenant les nuits au lansquenet. Toutes les femmes de la ville sont devenues joueuses pour lui plaire ; elles viennent régulièrement chez elle pour la divertir, et qui veut voir une belle assemblée n'a qu'à lui rendre visite. Mademoiselle Du Pin se trouve toujours là bien à-propos pour entretenir ceux qui n'aiment point le jeu. En vérité, sa conversation est si fine et si spirituelle, que ce ne sont point les plus mal partagés. C'est là que messieurs les Gascons apprennent le bel air et la belle façon de parler ;

>Mais cette agréable Du Pin,
>Qui dans sa manière est unique,
>A l'esprit méchant et bien fin,
>Et, si jamais Gascon s'en pique,
>Gascon fera mauvaise fin.

Au reste, sans faire ici les goguenards sur messieurs les Gascons, puisque Gascons y a, nous commencions nous-mêmes à courir quelque risque ; et notre retraite un peu précipitée ne fut pas mal à propos. Voyez pourtant quel malheur ! Nous nous sauvons de Bordeaux pour donner deux jours après dans Agen ;

>Agen, cette ville fameuse,
>De tant de belles le séjour,
>Si fatale et si dangereuse
>Aux cœurs sensibles à l'amour.

>Dès qu'on en approche l'entrée,
>On doit bien prendre garde à soi :
>Car tel y va de bonne foi

Pour n'y passer qu'une journée
Qui s'y sent par je ne sais quoi
Arrêté pour plus d'une année.

Un nombre infini de personnes y ont même passé le reste de leur vie, sans en pouvoir sortir. Le fabuleux palais d'Armide ne fut jamais si redoutable. Nous y trouvâmes M. de Saint-Luc (1) arrêté depuis six mois, Nort depuis quatre années, et d'Ortis depuis six semaines, et ce fut lui qui nous instruisit de toutes ces choses, et qui voulut absolument nous faire connoître les enchanteresses de ce lieu. Il pria donc toutes les belles de la ville à souper, et tout ce qui se passa dans ce magnifique repas nous fit bien connoître que nous étions dans un pays enchanté. En vérité, ces dames ont tant de beauté, qu'elles nous surprirent dans leur premier abord, et tant d'esprit, qu'elles nous gagnèrent dès la première conversation. Il est impossible de les voir et de conserver sa liberté, et c'est la destinée de tous ceux qui passent en ce lieu-là, s'ils ont la permission d'en sortir, d'y laisser au moins leur cœur pour ôtage d'un prompt retour.

Ainsi donc qu'avoient fait les autres,
Il fallut y laisser les nôtres.

(1) François d'Espinay, marquis de Saint-Luc, comte d'Estellan, connu sous ce dernier nom du vivant du maréchal de Saint-Luc, son père, étoit un homme de beaucoup d'esprit, et dont il reste quelques vers encore estimés. (*Saint-Marc.*)

Là tous deux ils nous furent pris ;
Mais, n'en déplaise à tant de belles,
Ce fut par l'aimable d'Ortis.
Aussi nous traita-t-il mieux qu'elles.

Cela ne se fit assurément que sous leur bon plaisir. Elles ne lui envièrent point cette conquête, et, nous jugeant apparemment très infirmes, elles ne daignèrent pas employer le moindre de leurs charmes pour nous retenir. Aussi, le lendemain de grand matin, trouvâmes-nous les portes ouvertes et les chemins libres ; de sorte que rien ne nous empêcha de gagner Encausse sur les coureurs que M. de Chemeraut nous avoit promis, et qui nous attendoient depuis un mois à Agen. C'est de ce véritable ami qu'on peut assurer

Et dire, sans qu'on le cajole,
Qu'il sait bien tenir sa parole.

Encausse est un lieu dont nous ne vous entretiendrons guère, car, excepté ses eaux, qui sont admirables pour l'estomac, rien d'agréable ne s'y rencontre. Il est au pied des Pyrénées, éloigné de tout commerce, et l'on n'y peut avoir autre divertissement que celui de voir revenir sa santé. Un petit ruisseau, qui serpente à vingt pas du village, entre des saules et des prés les plus verts qu'on puisse s'imaginer, étoit toute notre consolation. Nous allions tous les matins prendre nos eaux en ce bel endroit, et les après-dînées nous y promener. Un jour que nous étions sur les bords, assis sur l'herbe, et que, nous ressouvenant des hautes marées de la Garonne, dont nous avions la mémoire encore assez fraîche, nous examinions les raisons que donnent Descartes et Gassendi du flux et reflux, sortit tout d'un coup d'entre les roseaux les plus proches un homme qui nous avoit apparemment écoutés. C'étoit

> Un vieillard tout blanc, pâle et sec,
> Dont la barbe et la chevelure
> Pendoient plus bas que la ceinture :
> Ainsi l'on peint Melchisedec,
>
> Ou plutôt telle est la figure
> D'un certain vieux évêque grec
> Qui, faisant le *salamélec*,
> Dit à tous la bonne aventure :
>
> Car il portoit un chapiteau
> Comme un couvercle de lessive,
> Mais d'une grandeur excessive,
> Qui lui tenoit lieu de chapeau.
>
> Et ce chapeau, dont les grands bords
> Alloient tombant sur ses épaules,
> Etoit fait de branches de saules
> Et couvroit presque tout son corps.
>
> Son habit, de couleur verdâtre,
> Etoit d'un tissu de roseaux ;
> Le tout couvert de gros morceaux
> D'un cristal épais et bleuâtre.

A cette apparition, la peur nous fit faire deux signes de croix et trois pas en arrière ; mais la curiosité prévalut sur la crainte, et nous résolûmes, bien qu'avec quelques petits battements de cœur, d'attendre le vieillard extraordinaire, dont l'abord fut tout à fait gracieux, et qui nous parla fort civilement de cette sorte :

> Messieurs, je ne suis point surpris
> Que de ma rencontre imprévue
> Vous ayez un peu l'âme émue;
> Mais, lorsque vous aurez appris
> En quel rang les destins ont mis
> Ma naissance à vous inconnue,
> Et le sujet de ma venue,
> Vous rassurerez vos esprits.

> Je suis le Dieu de ce ruisseau,
> Qui, d'une urne jamais tarie
> Penchée au pied de ce coteau,
> Prends le soin dans cette prairie
> De verser incessamment l'eau
> Qui la rend si verte et fleurie.

> Depuis huit jours, matin et soir,
> Vous me venez réglément voir
> Sans croire me rendre visite.
> Ce n'est pas que je ne mérite
> Que l'on me rende ce devoir :

> Car enfin j'ai cet avantage
> Qu'un canal si clair et si net
> Est le lieu de mon apanage.
> Dans la Gascogne un tel partage
> Est bien joli pour un cadet.

> Aussi l'avez-vous trouvé tel,
> Louant mes bords et leur verdure;
> Ce qui me plaît, je vous assure,

Plus qu'une offrande ou qu'un autel ;
Et tout à l'heure, je le jure,
Vous en serez, foi d'immortel,
Récompensés avec usure.

Dans ce petit vallon champêtre
Soyez donc les très bien venus.
Chacun de vous y sera maître.
Et, puisque vous voulez connoître
Les causes du flux et reflux,
Je vous instruirai là dessus,
Et vous ferai bientôt paroître
Que les raisonnements cornus
De tout temps sont les attributs
De la faiblesse de votre être ;

Car tous les dits et les redits
De ces vieux rêveurs que jadis
On crut avoir tant de lumières
Ne sont que contes d'Amadis.
Même dans vos sectes dernières
Les Descartes, les Gassendis,
Quoiqu'en différentes manières,
Et plus heureux et plus hardis
A fouiller les causes premières,
N'ont jamais traité ces matières
Que comme de vrais étourdis.

Moi, qui sais le fin de ceci
Comme étant chose qui m'importe,
Pour vous mon amour est si forte
Qu'après en avoir éclairci
Votre esprit de si bonne sorte
Qu'il n'en soit jamais en souci,

Je veux que la docte Cohorte
Vous en doive le grand merci.

Il nous prit lors tous deux par la main et nous fit asseoir sur le gazon à ses côtés. Nous nous regardions assez souvent sans rien dire, fort étonnés de nous voir en conversation avec un Fleuve; mais tout d'un coup

Il se moucha, cracha, toussa,
Puis en ces mots il commença :

Lorsque l'Onde en partage échut
Au frère du grand Dieu qui tonne,
L'avénement à la couronne
De ce nouveau monarque fut
Publié partout, et fallut
Que chaque Dieu Fleuve en personne
Allât lui porter son tribut.
Dans ce rencontre la Garonne
Entre tous les autres parut,
Mais si brusque et si fanfaronne,
Que sa démarche lui déplut;
Et le puissant Dieu résolut
De châtier cette Gasconne
Par quelque signalé rebut.

De fait, il en fit peu de cas ;
Quand elle lui vint rendre hommage,
Il se renfrogna le visage
Et la traita du haut en bas.

Mais elle, au lieu de s'abaisser,
Ayant pris soin de ramasser,
Avec la puissante Dordogne,

Mille autres fleuves de Gascogne,
Sembla le vouloir offenser.

Car, d'une orgueilleuse manière,
Deux fois Neptune elle pressa,
Qui, comme il a l'humeur altière,
Amèrement s'en courrouça,
Et, d'une mine froide et fière,
Deux fois si loin la repoussa,
Que cette insolente rivière
Toutes les deux fois rebroussa
Plus de six heures en arrière.
Bien qu'au vrai cette téméraire
Se fût attiré sur les bras
Un peu follement cette affaire,
Les grands Fleuves ne crurent pas
Devoir en un tel embarras
Se séparer de leur confrère,
Ni l'abandonner; au contraire,
Ils en murmurèrent tout bas,
Accusant le roi trop sévère.

Mais lui, branlant ses cheveux blancs,
Tout dégouttants de l'onde amère :
« Taisez-vous, dit-il, insolents,
Ou vous saurez en peu de temps
Ce que peut Neptune en colère. »

Sur-le-champ, au lieu de se taire,
Plus haut encore on murmura.
Le Dieu lors en furie entra,
Son Trident par trois fois serra
Et trois fois par le Styx jura :

« Quoi donc! ici l'on osera
Dire (1) hardiment ce qu'on voudra!
Chaque petit Dieu glosera
Sur ce que Neptune fera !
Per Dio, questo non sara;
Chacun d'eux s'en repentira,
Et pareil traitement aura :
Car deux fois par jour on verra
Qu'à sa source il retournera,
Et deux fois mon courroux fuira;
Mais plus loin que pas un ira
Celui qui pour son malheur a
Causé tout ce désordre-là ;
Et cet exemple durera
Tant que Neptune régnera. »

A ce Dieu du moite élément
Les rebelles lors se soumirent;
Et, quoique grondant, obéirent
Par force à ce commandement.

Voilà ce qu'on n'a jamais su,
Et ce que tout le monde admire.
Aussi nous avions résolu,
Pour notre honneur, de n'en rien dire ;
Mais, aujourd'hui, vous m'avez plu

---

(1) Le lecteur, sans qu'il soit besoin de l'en avertir, s'apercevra aisément ici, et même plus d'une fois ailleurs, que la manière dont les vers sont mesurés suppose une prononciation qui a cessé d'être régulière ou qui ne l'a jamais été.

Si fort, que je n'ai jamais pu
M'empêcher de vous en instruire.

Il n'eut pas achevé ces mots qu'il s'écoula d'entre nous deux, mais si vite qu'il étoit à vingt pas de nous devant que nous nous en fussions aperçus. Nous le suivîmes le plus légèrement que nous pûmes, et, voyant qu'il étoit impossible de l'attraper, nous lui criâmes plusieurs fois :

Hé! Monsieur le Fleuve, arrêtez,
Ne vous en allez pas si vite.
Hé! de grâce, un mot, écoutez!
Mais il se remit dans son gîte,

et rentra dans ces mêmes roseaux dont nous l'avions vu sortir. Nous allâmes en vain jusqu'à cet endroit : car le bonhomme étoit déjà tout fondu en eau quand nous arrivâmes, et sa voix n'étoit plus

Qu'un murmure agréable et doux ;
Mais cet agréable murmure
N'est entendu que des cailloux.
Il ne le put être de nous ;
Et certes, sans vous faire injure,
Il ne l'eût pas été de vous.

Après l'avoir appelé plusieurs fois inutilement, enfin la nuit nous obligea de retourner en notre logis, où nous fîmes mille réflexions sur cette aventure. Notre esprit n'étoit pas entièrement satisfait de cet éclaircissement, et nous ne pouvions concevoir pourquoi, dans une sédition où tous les Fleuves avoient trempé, il n'y en avoit eu qu'une partie de châtiés. Nous revînmes plusieurs fois en ce même lieu, tant que nous demeurâmes à Encausse, pour y conjurer cet honnête Fleuve de nous vouloir donner à ce sujet un quart d'heure de conversation ; mais il ne parut plus, et, nos eaux étant prises, le temps vint enfin de s'en aller.

Un carrosse que M. le sénéchal d'Armagnac avoit envoyé nous mena bien à notre aise chez lui à Castille, où nous fûmes reçus avec tant de joie, qu'il étoit aisé de juger que nos visages n'étoient point désagréables au maître de la maison.

> C'est chez cet illustre Fontrailles,
> Où les tourtres (1), les ortolans,
> Les perdrix rouges et les cailles,
> Et mille autres vols succulents,
> Nous firent horreur des mangeailles
> Dont Carbon et tant de canailles
> Vous affrontent depuis vingt ans.

Vous autres casaniers, qui ne connoissez que la Vallée de Misère et vos rôtisseurs de Paris, vous ne savez ce que c'est que la bonne chère. Si vous vous y connoissez et si vous l'aimez, comme vous dites,

> Soyez donc assez braves gens
> Pour quitter enfin vos murailles ;
> Et, si vous êtes de bon sens,
> Allez et courez chez Fontrailles (2)
> Vous gorger de mets excellents.

(1) Vieux mot qui, dans quelques provinces, signifie tourterelles, en tant que gibier.
(2) Louis d'Astarac, marquis de Marestang et de

Vous y serez bien reçus assurément, et vous le trouverez toujours le même. Sans plus s'embarrasser des affaires du monde, il se divertit à faire achever sa maison, qui sera parfaitement belle. Les honnêtes gens de sa province en savent fort bien le chemin; mais les autres ne l'ont jamais pu trouver. Après nous y être empiffrés quatre jours avec M. le président de Marmiesse, qui prit la peine de s'y rendre aussitôt qu'il fut informé de notre arrivée, nous allâmes tous ensemble à Toulouse descendre chez l'abbé de Beauregard, qui nous attendoit, et qui nous donna un de ces repas qu'on ne peut faire qu'à Toulouse. Le lendemain, M. le président de Marmiesse nous voulut faire voir dans un dîner jusqu'où peut aller la splendeur et la magnificence, ou, avec sa permission, la profusion et la prodigalité. Le festin du Menteur (1) n'étoit rien en comparaison; et c'est ici qu'il faut redoubler nos efforts, pour vous en faire une description magnifique.

> Toi qui présides aux repas,
> O muse, sois-nous favorable;
> Décris avec nous tous les plats
> Qui parurent sur cette table.
>
> Pour notre honneur et pour ta gloire,

Fontrailles, entra dans la conjuration du marquis de Cinq-Mars, fut porteur du traité avec l'Espagne, et vécut dans l'exil jusqu'à la mort du cardinal de Richelieu. C'est celui dont la relation a été jointe aux mémoires de Montrésor.

(1) Dans la comédie de ce nom de *Pierre Corneille*.

Fais qu'aucun de tous ces grands mets
Ne s'échappe à notre mémoire,
Et fais qu'on en parle à jamais.

Mais comme notre esprit s'abuse
De s'imaginer qu'aux festins
Puisse présider une muse,
Et qu'elle se connoisse en vins!

Non, non; les doctes demoiselles
N'eurent jamais un bon morceau;
Et ces vieilles sempiternelles
Ne burent jamais que de l'eau.

A qui donc adresser ses vœux
En des occasions pareilles?
Est-ce à Come? Est-ce au dieu des treilles?
Ou bien seroit-ce à tous les deux?

Mais, pour rimer, Bacchus et Come
Sont des Dieux de peu de secours;
Et jamais, de mémoire d'homme,
On ne leur fit un tel discours.

Tout nous manque au besoin, et de notre chef nous n'oserions entreprendre une si grande affaire. Il faut donc nous contenter de vous dire que jamais on ne vit rien de si splendide, et nous eussions cru Toulouse, ce lieu si renommé pour la bonne chère, épuisé pour jamais de toute sorte de gibier, si l'un de vos amis et des nôtres ne nous eût encore le lendemain, dans un dîner, fait admirer cette ville comme un prodige pour la quantité de bonnes choses qu'elle fournit. Vous devinerez aisément son nom quand nous vous dirons

> Que c'est un de ces beaux-esprits
> Dont Toulouse fut l'origine.
> C'est le seul Gascon qui n'a pris
> Ni l'air ni l'accent du pays,
> Et l'on jugeroit à sa mine
> Qu'il n'a jamais quitté Paris.

Enfin c'est l'agréable M. d'Osneville, dont l'air et l'esprit n'ont rien que d'un homme qui n'auroit jamais bougé de la cour.

> Vous saurez qu'il est marié
> Environ depuis une année,
> Et qu'il est tout-à-fait lié
> Du sacré lien d'Hyménée.

> Lié tout-à-fait, c'est-à-dire
> Qu'il est lié tout-à-fait bien,
> Et qu'il ne lui manque plus rien,
> Et qu'il a tout ce qu'il désire.

> L'épouse est bien apparentée,
> Et bien apparenté l'époux;
> Elle est jeune, riche, espritée,
> Il est jeune, riche, esprit doux.

Avec lui et dans son carrosse nous quittâmes Toulouse pour aller à Grouille, où M. le comte d'Aubijoux (1) nous reçut très civilement. Nous le trouvâmes dans un petit palais qu'il a fait bâtir

---

(1) François-Jacques d'Amboise, comte d'Aubijoux, de la même maison que Bussy d'Amboise.

au milieu de ses jardins entre des fontaines et des bois, et qui n'est composé que de trois chambres, mais bien peintes et tout à fait appropriées. Il a destiné ce lieu pour se retirer en particulier avec deux ou trois de ses amis, ou, quand il est seul, s'entretenir avec ses livres, pour ne pas dire avec sa maîtresse.

> Malgré l'injustice des Cours,
> Dans cet agréable hermitage
> Il coule doucement ses jours
> Et vit en véritable sage.

De vous dire qu'il tenait une fort bonne table et bien servie, ce ne seroit vous apprendre rien de nouveau ; mais peut-être serez-vous surpris de savoir que, faisant si grande chère, il ne vivoit que d'une croûte de pain par jour. Aussi son visage étoit-il d'un homme mourant. Bien que son parc fût très grand et qu'il eût mille endroits, tous plus beaux les uns que les autres, pour se promener, nous passions les journées entières dans une petite île plantée et tenue aussi propre qu'un jardin, et dans laquelle on trouve, comme par miracle, une fontaine qui jaillit et va mouiller le haut d'un berceau de grands cyprès qui l'environnent (1).

> Sous ce berceau qu'Amour exprès
> Fit pour toucher quelque inhumaine,

---

(1) Au lieu de *le haut d'un berceau de grands cyprès*, que j'ai mis d'après l'édition de 1732, et que le sens

L'un de nous deux, un jour au frais
Assis près de cette fontaine,
Le cœur percé de mille traits,
D'une main qu'il portoit à peine
Grava ces vers sur un cyprès :

Hélas ! que l'on seroit heureux
Dans ce beau lieu digne d'envie,
Si, toujours aimé de Silvie,
L'on pouvoit, toujours amoureux,
Avec elle passer la vie !

Vous connoîtrez par là que, dans notre voyage, nous ne songions pas toujours à faire bonne chère, et que nous avions quelquefois des moments assez tendres. Au reste, quoique Grouille ait tant de charmes, M. d'Aubijoux ne nous put retenir que trois jours, après lesquels il nous donna son carrosse pour aller à Castres prendre celui de M. de Pénautier, qui nous mena chez lui à Pénautier, à une lieue de Carcassonne. Vos santés y furent bues mille fois avec le cher ami Balzant, qui ne nous quitta pas un moment. La comédie fut aussi un de nos divertissements assez grand, parceque la troupe n'étoit pas mauvaise et qu'on y voyoit toutes les dames de Carcassonne. Quand nous en partîmes, M. de Pénautier, qui sans doute est un des plus honnêtes hommes du monde, voulut absolument que nous prissions

---

semble demander, il y a dans toutes les autres que j'ai vues : *le haut du berceau de grands cyprès*. Les vers qui suivent sont connus pour être de Bachaumont. (*S.-Marc.*) Voir la Notice.

encore son carrosse pour aller à Narbonne, quoiqu'il y eût une grande journée. Le temps étoit si beau que nous espérions, le lendemain, sur nos chevaux frais et qui suivoient en main depuis Encausse, aller coucher près de Montpellier. Mais, par malheur,

> Dans cette vilaine Narbonne
> Toujours il pleut, toujours il tonne.
> Toute la nuit doncques il plut,
> Et tant d'eau cette nuit il chut,
> Que la campagne submergée
> Tint deux jours la ville assiégée.

Que cela ne vous surprenne point! Quand il pleut six heures en cette ville, comme c'est toujours par orage et qu'elle est située dans un fond tout environné de montagnes, en peu de temps les eaux se ramassent en si grande abondance, qu'il est impossible d'en sortir sans courir risque de se noyer. Nous voulûmes pourtant le hasarder; mais l'accident d'un laquais emporté par une ravine, et qui sans doute étoit perdu si son cheval ne l'eût sauvé à la nage, nous fit rentrer bien vite pour attendre que les passages fussent libres. Des messieurs que nous trouvâmes se promenant dans la grande place, et qui nous parurent être des principaux du pays, ayant appris notre aventure, crurent qu'il étoit de leur honneur de ne nous laisser pas ennuyer. Ils nous voulurent donc faire voir les raretés de leur ville, et nous menèrent d'abord dans l'église cathédrale, qu'ils prétendoient être un chef-d'œuvre pour la hauteur et pour la largeur de ses voûtes ; mais nous ne saurions pas bien vous dire au vrai

> Si l'architecte qui la fit
> La fit ronde, ovale ou carrée,
> Et moins encor s'il la bâtit
> Haute, basse, large ou serrée :
>
> Car, arrivés en ce saint lieu,
> Nous n'eûmes jamais autre envie
> Que de faire des vœux à Dieu
> De n'y rentrer de notre vie.
>
> Ce qu'on y montre encor de rare
> Est un vieux et sombre tableau
> Où l'on voit sortir un Lazare
> A demi mort de son tombeau.
>
> Mais le peintre l'a si bien fait
> Pâle, hideux, noir, effroyable,
> Qu'il semble bien moins le portrait
> Du bon Lazare que du diable (1).

Ces messieurs ne furent pas contents de nous avoir fait voir ces deux merveilles. Ils eurent en-

---

(1) Ce tableau de la résurrection du Lazare est de Sébastien de Venise, appelé communément *Fra Bastiano del Piombo*, qui le fit en concurrence de Raphael, lorsque celui-ci peignoit pour François Ier son tableau de la Transfiguration. La manière dont nos voyageurs parlent ici de ce tableau de Narbonne, qui se voit aujourd'hui parmi ceux de M. le duc d'Orléans, s'accorde avec le jugement de la plupart des connoisseurs. (*Saint-Marc.*)

core la bonté, pour nous régaler tout à fait, de nous présenter à deux ou trois de leurs plus polies demoiselles, qui tomboient en vérité de la vérole. Voilà tous les divertissements que nous eûmes à Narbonne. Voyez par là si deux jours que nous y demeurâmes se passèrent agréablement. Toi, qui nous as si bien divertis,

> Digne objet de notre courroux,
> Vieille ville toute de fange,
> Qui n'es que ruisseaux et qu'égouts,
> Pourrois-tu prétendre de nous
> Le moindre vers à ta louange?
>
> Va, tu n'es qu'un quartier d'hiver
> De quinze ou vingt malheureux drilles,
> Où l'on peut à peine trouver
> Deux ou trois misérables filles
> Aussi mal saines que ton air.
>
> Va, tu n'eus jamais rien de beau,
> Rien qui mérite qu'on le prise,
> Bien peu de chose est ton tableau,
> Et bien moins que rien ton église.

L'apostrophe est un peu violente, ou l'imprécation un peu forte; mais nous passâmes dans cette étrange demeure deux journées avec tant de chagrin, qu'elle en est quitte à bon marché. Enfin, les eaux s'écoulèrent, et, nos chevaux n'en ayant plus que jusqu'aux sangles, il nous fut permis de sortir. Après avoir marché trois ou quatre lieues dans les plaines toutes noyées, et passé sur de méchantes planches un torrent qui s'étoit fait de l'égout des eaux, large comme une rivière, Béziers, cette ville si propre et si bien située, nous fit voir un pays aussi beau que celui que nous venions de quitter étoit désagréable. Le lendemain, ayant traversé les Landes de Saint-Hubert et goûté les bons muscats de Loupian, nous vîmes Montpellier se présenter à nous, environné de ces plantades et de ces blanquètes que vous connoissez. Nous y abordâmes à travers mille boules de mail : car on joue là le long des chemins à la chicane. Dans la grande rue des parfumeurs, par où l'on entre d'abord, l'on croit être dans la boutique de Martial (1), et cependant,

> Bien que de cette belle ville
> Viennent les meilleures senteurs,
> Son terroir, en muscats fertile,
> Ne lui produit jamais de fleurs.

Cette rue si parfumée conduit dans une grande place, où sont les meilleures hôtelleries. Mais nous fûmes bientôt épouvantés

> De rencontrer en cette place
> Un grand concours de populace.
> Chacun y nommoit d'Assouci.
> Il sera brûlé, Dieu merci,
> Disoit une vieille bagasse.
> Dieu veuille qu'autant on en fasse
> A tous ceux qui vivent ainsi !

(1) Marchand parfumeur de Paris.

La curiosité de savoir ce que c'étoit nous fit avancer plus avant. Tout le bas étoit plein de peuple, et les fenêtres remplies de personnes de qualité. Nous y connûmes un des principaux de la ville, qui nous fit entrer aussitôt dans le logis. Dans la chambre où il étoit, nous apprîmes qu'effectivement on alloit brûler d'Assouci pour un crime qui est en abomination parmi les femmes. Dans cette même chambre nous trouvâmes grand nombre de dames, qu'on nous dit être les plus polies, les plus qualifiées et les plus spirituelles de la ville, quoique pourtant elles ne fussent ni trop belles, ni trop bien mises. A leurs petites mignardises, leur parler gras et leurs discours extraordinaires, nous crûmes bientôt que c'étoit une assemblée des précieuses de Montpellier. Mais, bien qu'elles fissent de nouveaux efforts à cause de nous, elles ne paroissoient que des précieuses de campagne, et n'imitoient que faiblement les nôtres de Paris. Elles se mirent exprès sur le chapitre des beaux esprits, afin de nous faire voir ce qu'elles valoient par le commerce qu'elles ont avec eux. Il se commença donc une conversation assez plaisante.

> Les unes disoient que Ménage
> Avoit l'air et l'esprit galant;
> Que Chapelain n'étoit pas sage;
> Que Costar n'étoit pas pédant.

Les autres croyoient Monsieur de Scudéri

> Un homme de fort bonne mine,
> Vaillant, riche et toujours bien mis,

Sa sœur une beauté divine,
Et Pélisson un Adonis.

Elles en nommèrent encore une très grande quantité, dont il ne nous souvient plus. Après avoir bien parlé des beaux esprits, il fut question de juger de leurs ouvrages. Dans l'Alaric (1) et dans le Moïse (2), on ne loua que le jugement et la conduite, et dans la Pucelle rien du tout. Dans Sarrasin, on n'estima que la lettre de M. de Ménage, et la préface de M. Pélisson fut traitée de ridicule. Voiture même passa pour un homme grossier. Quant aux romans, Cassandre (3) fut estimé pour la délicatesse de la conversation, Cyrus et Clélie (4, pour la magnificence de l'expression et la grandeur des événements. Mille autres choses se débitèrent encore plus surprenantes que tout cela. Puis insensiblement la conversation tomba sur d'Assouci (5), parcequ'il

(1) Poème héroïque de Scudéri.
(2 Poème héroïque de Saint-Amand.
(3) Roman de la Calprenède.
(4 Deux romans de Mlle de Scudéri.
(5) Charles Coypeau d'Assoucy, auteur de mauvaises poésies burlesques, qui, à ce titre, fut surnommé dans le temps *le singe de Scarron*, et dont cependant les curieux recherchent encore les deux volumes d'aventures.

L'éditeur Saint-Marc, après Bayle, entre dans de longs développements touchant le tort très réel qu'eut Chapelle d'exagérer jusqu'à la fiction, pour en amuser ses lecteurs, les circonstances du passage de d'As-

leur sembla que l'heure de l'exécution approchoit. Une de ces dames prit la parole, et, s'adressant à celle qui nous avoit paru la principale et la maîtresse précieuse :

> Ma Bonne, est-ce celui qu'on dit
> Avoir autrefois tant écrit,
> Même composé quelque chose
> En vers sur la Métamorphose? (1)
> Il faut donc qu'il soit bel esprit?
>
> Aussi l'est-il, et l'un des vrais,
> Reprit l'autre, et des premiers faits.
> Ses lettres lui furent scellées
> Dès leurs premières assemblées.
> J'ai la liste de ces Messieurs;
> Son nom est en tête des leurs (2).
>
> Puis, d'une mine serieuse,
> Avec certain air affecté,

soucy à Montpellier. Ce tort, nous l'avons reconnu dans la Préface-Notice; mais nous ne voyons aucune nécessité de nous étendre sur tout ce qui se rattache à cette espèce de saltimbanque, aussi méprisable comme homme que comme poète, et resté une des victimes de Boileau le plus déshonorées par ce vers devenu proverbe :

Et jusqu'à d'Assoucy tout trouva des lecteurs.

(1) L'*Ovide en belle humeur.*
(2) D'Assoucy n'a jamais été de l'Académie françoise. C'est sans doute une faute que Chapelle fait faire à ces *Précieuses*, pour les rendre plus ridicules. (*La Monnoye.*)

Penchant sa tête de côté,
Et de ce ton de précieuse,
Lui dit : Ma chère, en vérité,

C'est dommage que dans Paris
Ces messieurs de l'Académie,
Tous ces messieurs les beaux esprits,
Soient sujets à telle infamie.

L'envie de rire nous prit alors si furieusement, qu'ils nous fallut quitter la chambre et le logis, pour en aller éclater à notre aise dans l'hôtellerie. Nous eûmes toutes les peines du monde à passer dans les rues, à cause de l'affluence du peuple.

Là d'hommes on voyoit fort peu ;
Cent mille femmes animées,
Toutes de colère enflammées,
Accouroient en foule en ce lieu
Avec des torches allumées.

Elles écumoient toutes de rage, et jamais on n'a rien vu de si terrible. Les unes disoient que c'étoit trop peu de le brûler ; les autres, qu'il falloit l'écorcher vif auparavant,. et toutes, que, si la justice le leur vouloit livrer, elles inventeroient de nouveaux supplices pour le tourmenter. Enfin,

L'on aurait dit, à voir ainsi
Ces Bacchantes échevelées,
Qu'au moins ce monsieur d'Assouci
Les auroit toutes violées.

Et cependant il ne leur avoit jamais rien fait.

Nous gagnâmes avec bien de la peine notre logis, où nous apprîmes, en arrivant, qu'un homme de condition avoit fait sauver ce malheureux, et quelque temps après on vint nous dire que toute la ville étoit en rumeur, que les femmes y faisoient une sédition, et qu'elles avoient déjà déchiré deux ou trois personnes, pour être seulement soupçonnées de connoître d'Assouci. Cela nous fit une très grande frayeur ;

>   Et, de peur d'être pris aussi
>   Pour amis du sieur d'Assouci,
>   Ce fut à nous de faire gille.
>   Nous fûmes donc assez prudents
>   Pour quitter d'abord cette ville,
>   Et cela fut d'assez bon sens.

Nous nous sauvons donc comme des criminels par une porte écartée, et prenons le chemin de Massillargues (1), espérant d'y pouvoir arriver avant la nuit. A une demi-lieue de Montpellier, nous rencontrâmes notre d'Assouci avec un petit page assez joli qui le suivoit. En deux mots il nous conta ses disgrâces ; aussi n'avions-nous pas le loisir d'écouter un long discours, ni de le faire. Chacun donc alla de son côté, lui fort vite, quoiqu'à pied, et nous doucement, à cause que nos chevaux étoient fatigués. Nous arrivâmes devant la nuit chez M. de Cauvisson, qui pensa mourir de rire de notre aventure. Il prit le soin, par sa bonne chère et par ses bons lits, de nous faire

(1) Bourg à quelques lieues de Montpellier.

bientôt oublier ces fatigues. Nous ne pûmes, étant si proche de Nîmes, refuser à notre curiosité de nous détourner pour aller voir

> Ces grands et fameux bâtiments
> Du Pont du Gard et des Arènes,
> Qui nous restent pour monuments
> Des magnificences romaines.
>
> Ils sont plus entiers et plus sains
> Que tant d'autres restes si rares,
> Echappés aux brutales mains
> De ce déluge de Barbares
> Qui furent le fleau (1) des humains.

Fort satisfaits du Languedoc, nous prîmes assez vite la route de Provence, par cette grande prairie de Beaucaire, si célèbre pour sa foire, et le même jour nous vîmes de bonne heure

> Paroître sur les bords du Rhône
> Ces murs pleins d'illustres bourgeois,
> Glorieux d'avoir autrefois
> Eu chez eux la Cour et le Trône
> De trois ou quatre puissants rois.

On y aborde par

> Cette heureuse et fertile plaine
> Qui doit son nòm à la vertu
> Du grand et fameux capitaine (2)

---

(1) Fléau sans accent sur l'*e*, prononcé comme sceau. Voir la note de la page 69.

(2) C. Marius, qui tailla en pièces les Cimbres auprès d'Arles. L'auteur parle ici de la Camargue.

Par qui le fier Danois battu
Reconnut la grandeur romaine.

Nous vîmes, pour vous parler un peu moins poétiquement, cette belle et célèbre ville d'Arles, qui par son pont de bateaux nous fit passer de Languedoc en Provence. C'est assurément la plus belle porte. La situation admirable de ce lieu y a presque attiré toute la noblesse du pays, et les dames y sont propres, galantes et jolies, mais si couvertes de mouches, qu'elles en paroissent un peu coquettes. Nous les vîmes toutes au cours, où nous fûmes, faisant fort bien leur devoir avec quantité de messieurs assez bien faits. Elles nous donnèrent lieu de les accoster, quoique inconnus; et, sans vanité, nous pouvons dire qu'en deux heures de conversation nous avançâmes assez nos affaires, et que nous fîmes peut-être quelques jaloux. Le soir, on nous pria d'une assemblée, où l'on nous traita plus favorablement encore. Mais avec tout cela ces belles ne purent obtenir de nous qu'une nuit, et le lendemain nous en partîmes, et traversâmes avec bien de la peine

La vaste et pierreuse campagne
Couverte encor de ces cailloux
Qu'un prince, revenant d'Espagne,
Y fit pleuvoir dans son courroux (1).

(1) La Crau, campagne appelée par les anciens Romain *Campi lapidei*. C'est, dit Pline (liv. III, ch. 4), un monument des combats d'Hercule, *Herculis prœliorum memoria*. Ce héros ayant à combattre quelques géants

C'est une grande plaine toute couverte de cailloux effectivement jusqu'à Salon, petite ville, et qui n'a point d'autre rareté que le tombeau de Nostradamus (1). Nous y couchâmes et nous n'y dormîmes pas un moment, à cause des hauts cris d'une comédienne, qui s'avisa d'accoucher cette nuit, proche de notre chambre, de deux petits comédiens. Un tel vacarme nous fit monter à cheval de bon matin, et cette diligence servit à nous faire considérer plus à notre aise, en arrivant à Marseille, cette multitude de maisons qu'ils appellent bastides, dont toute la campagne voisine est couverte. Le grand nombre en est plus surprenant que la beauté, car elles sont toutes fort petites et fort vilaines. Vous avez tant ouï parler de Marseille, que de vous en entretenir présentement, ce seroit répéter les mêmes choses et peut-être vous ennuyer.

> Tout le monde sait que Marseille
> Est riche, illustre et sans pareille
> Pour son terroir et pour son port ;
> Mais il faut vous parler du fort,
> Qui sans doute est une merveille.

en cet endroit-là, Jupiter fit tomber sur eux une pluie de pierres qui couvrit de cailloux cette grande plaine. Apparemment c'est à cette fable que Chapelle fait allusion. (*La Monnoye.*)

(1) On voit, par une inscription gravée sur son tombeau, qu'il mourut en 1566, âgé de 62 ans six mois et dix jours. (*La Monnoye.*)

ET DE BACHAUMONT.

C'est Notre-Dame de la Garde,
Gouvernement commode et beau,
A qui suffit, pour toute garde,
Un suisse avec sa hallebarde
Peint sur la porte du château.

Ce fort èst sur le sommet d'un rocher presque inaccessible, et si haut élevé, que s'il commandoit à tout ce qu'il voit au dessous de lui, la plupart du genre humain ne vivroit que sous son bon plaisir.

Aussi voyons-nous que nos rois,
En connoissant bien l'importance,
Pour le confier ont fait choix
Toujours de gens de conséquence,

De gens pour qui, dans les alarmes,
Le danger auroit eu des charmes,
De gens prêts à tout hasarder,
Qu'on eût vu long-temps commander,
Et dont le poil poudreux eût blanchi sous les armes (1).

Une description magnifique, qu'on a faite autrefois de cette place, nous donna la curiosité de l'aller voir. Nous grimpâmes plus d'une heure avant que d'arriver à l'extrémité de cette montagne, où l'on est bien surpris de ne trouver qu'une méchante masure tremblante, prête à tomber au

(1) Ce qu'on vient de lire et ce qui suit au sujet de Notre-Dame de la Garde est une raillerie contre Scudéri, gouverneur de cet ancien fort, dont il avoit fait une description magnifique. (*Saint-Marc.*)

premier vent. Nous frappâmes à la porte, mais doucement de peur de la jeter par terre, et après avoir heurté long-temps, sans entendre même un chien aboyer sur la tour,

> Des gens qui travailloient là proche
> Nous dirent : Messieurs, là dedans
> On n'entre plus depuis long-temps.
> Le gouverneur de cette roche,
> Retournant en Cour par le coche,
> A, depuis environ quinze ans,
> Emporté la clef dans sa poche.

La naïveté de ces bonnes gens nous fit bien rire, surtout quand ils nous firent remarquer un écriteau, que nous lûmes avec assez de peine, car le temps l'avoit presque effacé :

> Portion de Gouvernement
> A louer tout présentement.

Plus bas, en petit caractère :

> Il faut s'adresser à Paris,
> Ou chez Conrart, le secrétaire (1),
> Ou chez Courbé, l'homme d'affaire (2)
> De tous messieurs les beaux esprits.

Croyant après cela n'avoir plus rien de rare à voir en ce pays, nous le quittâmes sur-le-champ, et même avec empressement, pour aller goûter des

(1) Valentin Conrart, le premier secrétaire perpétuel de l'Académie françoise.
(2) Augustin Courbé, fameux libraire.

muscats à la Ciotat. Nous n'y arrivâmes pourtant que fort tard, parceque les chemins sont rudes, et que, passant par Cassis, il est bien difficile de ne pas s'y arrêter à boire. Vous n'êtes pas assurément curieux de savoir de la Ciotat

> Que les marchands et les nochers
> La rendent fort considérable;
> Mais, pour ce muscat adorable
> Qu'un soleil proche et favorable
> Confit dans les brûlants rochers,
> Vous en aurez, frères très chers,
> Et du meilleur, sur votre table.

Les grandes affaires que nous avions en ce lieu furent achevées aussitôt que nous eûmes choisi le meilleur vin. Ainsi, le lendemain vers le midi, nous nous acheminâmes vers Toulon. Cette ville est dans une situation admirable, exposée au midi et couverte au septentrion par des montagnes élevées jusqu'aux nues qui rendent son port le plus grand et le plus sûr qui soit au monde. Nous y trouvâmes M. le chevalier Paul, qui, par sa charge, par son mérite et par sa dépense, est le premier et le plus considérable du pays.

> C'est ce Paul dont l'expérience
> Gouverne la mer et le vent,
> Dont le bonheur et la vaillance
> Rendent formidable la France
> A tous les peuples du Levant (1).

(1) L'homme illustre dont il s'agit fut un des plus

Ces vers sont aussi magnifiques que sa mine ; mais en vérité, quoiqu'elle ait quelque chose de fier, il ne laisse pas d'être commode, doux et tout à fait honnête. Il nous régala dans sa cassine, qui est si propre et si bien entendue, qu'elle semble un petit palais enchanté. Nous n'avions trouvé jusque là que des orangers de médiocre grandeur, et dans des jardins. L'envie d'en voir de gros comme des chênes, et dans le milieu des champs, nous fit aller jusqu'à Hyères. Que ce lieu nous plut ! Qu'il est charmant ! et quel séjour seroit-ce que Paris sous un si beau climat !

> Que c'est avec plaisir qu'aux mois
> Si fâcheux en France et si froids,
> On est contraint de chercher l'ombre
> Des orangers qu'en mille endroits
> On y voit, sans rang et sans nombre,
> Former des forêts et des bois !

excellents hommes de mer du dernier siècle. Comme sa fortune devoit être extraordinaire, elle fut annoncée par sa naissance en pleine mer, au fort d'une tempête. Je voudrois pouvoir ici m'étendre assez pour le faire bien connoître ; mais il faut me restreindre à dire que, né dans la misère et dans la lie du peuple, il commença presque au sortir de l'enfance par être mousse sur un vaisseau marchand, et que, par sa valeur et son habileté dans la guerre de mer, il devint d'abord chevalier servant, ensuite chevalier de justice dans l'ordre de Malte, lieutenant-général des armées navales de France et vice-amiral des mers du Levant. *(Saint-Marc.)*

Là jamais les plus grands hivers
N'ont pu leur déclarer la guerre.
Cet heureux coin de l'univers
Les a toujours beaux, toujours verts,
Toujours fleuris en pleine terre.

Qu'ils nous ont donné de mépris pour les nôtres, dont les plus conservés et les mieux gardés ne doivent pas être en comparaison appelés des orangers !

Car ces petits nains contrefaits,
Toujours tapis entre deux ais
Et contraints sous des casemates,
Ne sont, à bien parler, que vrais
Et misérables culs-de-jattes.

Nous ne pouvions terminer notre voyage par un lieu qui nous laissât une idée plus agréable ; aussi dès ce moment ne songeâmes-nous plus qu'à retourner à Paris. Notre dévotion nous fit pourtant détourner un peu pour aller à la Sainte-Baume. C'est un lieu presque inaccessible, et que l'on ne peut voir sans effroi. C'est un antre dans le milieu d'un rocher escarpé de plus de quatre-vingts toises de haut, fait assurément par miracle : car il est aisé de voir que les hommes

N'y peuvent avoir travaillé,
Et l'on croit, avec apparence,
Que des saints esprits ont taillé
Ce roc, qu'avec tant de constance

La Sainte (1) a si long-temps mouillé
Des larmes de sa pénitence.

Mais, si d'une adresse admirable
L'Ange a taillé ce roc divin,
Le Démon, cauteleux et fin,
En a fait l'abord effroyable,
Sachant bien que le Pèlerin
Se donneroit cent fois au diable,
Et se damneroit en chemin.

Nous y montâmes cependant avec de la peine par une horrible pluie, et, par la grâce de Dieu, sans murmurer un seul moment; mais nous n'y fûmes pas sitôt arrivés qu'il nous prit sans savoir pourquoi une extrême impatience d'en sortir. Nous examinâmes donc assez brusquement la bizarrerie de cette demeure, et nous nous instruisîmes en un moment des religieux, de leur ordre, de leurs coutumes et de leur manière de traiter les passants : car ce sont eux qui les reçoivent et qui tiennent hôtellerie.

L'on n'y mange jamais de chair,
L'on n'y donne que du pain d'orge
Et des œufs, qu'on y vend bien cher.
Les moines hideux ont de l'air
De gens qui sortent d'une forge.
Enfin, ce lieu semble un enfer,
Ou pour le moins un coupe-gorge.

(1) *Sainte Magdeleine*, qu'une tradition dit s'être retirée sur ce rocher pour se mettre à couvert de la persécution des juifs et des payens.

L'on ne peut être sans horreur
Dans cette terrible demeure,
Et la faim, la soif et la peur
Nous en firent sortir sur l'heure.

Bien qu'il fût presque nuit et qu'il fît le plus vilain temps du monde, nous aimâmes mieux hasarder de nous perdre dans les montagnes et dans les déserts que de demeurer à la Sainte-Baume. Les reliques qui sont à Saint-Maximin (1) nous portèrent bonheur et nous y firent arriver, avec l'aide d'un guide, sans nous être égarés, mais non pas sans être furieusement mouillés. Aussi le lendemain, la matinée s'étant passée tout entière en dévotions, c'est-à-dire à faire toucher des chapelets à quantité de corps saints et à mettre d'assez grosses pièces dans les bassins et dans les troncs, nous allâmes nous enivrer d'excellente blanchette de Négreaux, et de là coucher à Aix. C'est une capitale sans rivière, et dont tous les dehors sont fort désagréables, mais en récompense belle et assez bien bâtie, et de bonne chère. Orgon fut ensuite notre couchée, lieu célèbre pour tous les bons vins, et le jour d'après Avignon nous fit admirer la beauté de ses murailles. Madame de Castelane (2) y étoit, à qui nous rendîmes visite

---

(1) Petite ville à huit lieues d'Aix.
(2) La Monnoye avoit dit dans une note :
« Si connue depuis sous le nom de *marquise de Gange*. Elle épousa le baron de Castelane à l'âge de treize ans en 1644, et en secondes noces le marquis de Gange, en 1648. »
Saint-Marc, discutant longuement ces deux da-

aussitôt, le même jour, qui fut le jour des Morts.
Nous la trouvâmes chez elle en bonne compagnie.
Elle n'étoit point, comme les autres veuves, dans
les églises à prier Dieu ;

> Car, bien qu'elle ait l'âme assez tendre
> Pour tout ce qu'elle auroit chéri,
> On auroit peine à la surprendre
> Sur le tombeau de son mari.

Avignon nous avait paru si beau que nous voulûmes y demeurer deux jours pour l'examiner

tes, et les rapprochant de celle de 1656, qu'il a donnée
avec toute vraisemblance au voyage de Chapelle, en
conclut que La Monnoye a commis une erreur et qu'il s'a-
git ici de quelque autre Mme de Castelane n'offrant pas
le même intérêt. La Monnoye, en effet, s'est trompé,
mais uniquement sur les dates. C'est bien à la marquise de Gange, alors encore Mme de Castelane, que
Chapelle et Bachaumont rendirent visite dans l'automne de 1656. Dans une histoire fort étendue de cette
infortunée, publiée en 1810, M. de Fortia d'Urban,
un descendant de cette maison, établit par des pièces
authentiques : 1º que Mlle de Châteaublanc épousa le
marquis de Castelane en 1647; 2º que son mari périt
huit ans plus tard, c'est-à-dire en 1655, dans le naufrage que firent cinq galères qu'il commandoit auprès
de Gênes ; 3º que la jeune veuve, quelque temps après,
quitta la cour pour aller habiter Avignon ; 4º enfin
qu'elle épousa le marquis de Gange le 8 août 1658 :
toutes choses qui concilient merveilleusement la note
de La Monnoye, les dates de Saint-Marc et le dire de
nos deux voyageurs.

plus à loisir. Le soir, que nous prenions le frais sur le bord du Rhône, par un beau clair de lune, nous rencontrâmes un homme qui se promenoit, qui nous sembla avoir de l'air du sieur d'Assouci. Son manteau, qu'il portoit sur le nez, empêchoit qu'on ne le pût bien voir au visage. Dans cette incertitude, nous prîmes la liberté de l'accoster et de lui demander :

« Est-ce vous, monsieur d'Assouci ? »
« Oui, c'est moi, messieurs ; me voici
N'ayant plus pour tout équipage
Que mes vers, mon luth et mon page.

Vous me voyez sur le pavé
En désordre, malpropre et sale ;
Aussi je me suis esquivé
Sans emporter paquet ni malle ;
Mais enfin, me voilà sauvé,
Car je suis en terre papale. »

Il avoit effectivement avec lui le même page que nous lui avions vu lorsqu'il se sauva de Montpellier, et que l'obscurité nous avoit empêché de pouvoir discerner. Il nous prit envie de savoir au vrai ce que c'étoit que ce petit garçon, et quelle belle qualité l'obligeoit à le mener avec lui ; nous le questionnâmes donc assez malicieusement, lui disant :

« Ce petit garçon qui vous suit
Et qui derrière vous se glisse,
Que sait-il ? En quel exercice,

En quel art l'avez-vous instruit ? »
« Il sait tout, dit-il. S'il vous duit,
Il est bien à votre service. »

Nous le remerciâmes lors bien civilement, ainsi que vous eussiez fait, et ne lui répondîmes autre chose

« Qu'adieu, bonsoir et bonne nuit.
De votre page qui vous suit
Et qui derrière vous se glisse,
Et de tout ce qu'il sait aussi,
Grand merci, monsieur d'Assouci ;
D'un si bel offre de service
Monsieur d'Assouci, grand merci. »

Notre lettre finira par ce bel endroit, quoiqu'elle soit écrite de Lyon. Ce n'est pas que nous n'ayons encore à vous mander mille choses des beautés du Pont-Saint-Esprit, des bons vins de Condrieux et de Côte-Rôtie ; mais, en vérité, nous sommes si las d'écrire que la plume nous tombe des mains, outre que nous voulons avoir de quoi vous entretenir lorsque nous aurons le plaisir de vous revoir.

Si nous allions tout vous déduire,
Nous n'aurions plus rien à vous dire,
Et vous saurez qu'il est plus doux
De causer, buvant avec vous,
Qu'en voyageant de vous écrire.
Adieu, les deux frères nourris
Aussi bien que gens de la ville,

Que nous aimons plus que dix mille
Des plus aimables de Paris.

DATE.

De Lyon, où l'on nous a dit
Que le roi, par un rude édit,
Avoit fait défenses expresses,
Expresses défenses à tous,
De plus porter chausses suissesses.
Cet édit, qui n'est rien pour nous,
Vous réduit en grandes détresses,
Grosses bedaines, grosses fesses,
Car où diable vous mettrez-vous?

ADRESSE.

A Messieurs les aînés Broussins;
Chacun enseignera la rue :
Car leur demeure est plus connue
Au Marais que les Capucins.

OEUVRES DIVERSES

DE CHAPELLE

OEUVRES DIVERSES

DE CHAPELLE

ÉPIGRAMME

Faite sur-le-champ pour répondre à Despréaux, qui lui reprochoit la trop grande négligence de sa versification.

Tout bon fainéant du Marais
Fait des vers qui ne coûtent guère;
Pour moi, c'est ainsi que j'en fais,
Et, si je les voulois mieux faire,
Je les ferois bien plus mauvais;
Mais, pour notre ami Despréaux,
Il en compose des plus beaux (1).

---

(1) On n'avoit pas encore imprimé cette petite pièce entière ni si correcte. Il ne faut pas s'arrêter à ce que l'on voit ici des rimes masculines de différents sons qui ne sont point séparées par des féminines : c'est sur quoi Chapelle se gênoit peu. (*Saint-Marc.*)

LETTRE I

Au Duc de Nevers

En réponse à deux lettres en vers qu'il avoit écrites au sujet de la petite vérole que le duc de Vendôme eut à la Charité-sur-Loire en 1680 (¹).

our répondre à vos deux en *ime*,
Dont cette dernière amplissime
Pousse *ime* à toute extinction,
Son altesse Sérénissime,
Et de plus microcroutissime (2),
D'autant qu'aviez l'intention
De venir moins, comme Hermotime,
En visite qu'en vision
Foleter dans l'infectissime
Chambre de son affliction,
Vous récrit qu'obligatissime
De viscère et de parenchyme

(1) Voir, sur ces trois lettres au duc de Nevers, les œuvres de l'abbé de Chaulieu, édition de Saint-Marc, et surtout l'édition donnée en 1774 par la famille de Chaulieu.

(2) Mot forgé du grec et du françois, pour dire : *qui n'a plus que de très petites croûtes.* (S.-Marc.)

Elle est à votre affection,
Comme à présent saluberrime,
Plus que ne l'étoit l'ipsissime
Faculté, devant qu'Albion
Vous donnât sa probatissime
Et fébrifuge potion.
Plus encor, Duc humanissime,
Vous mande le décroutissime
Et très guéri Césarion (1),
Hormis d'une ésurition
Très contraire à Quadragésime,
Que près de vous chacun est grime
En poétique invention ;
Et qu'ainsi, sans fard et sans frime,
Il a plus d'admiration
Pour la vive façon dont rime
Moriez (2), le héros dudit *ime*,
Que jadis n'eut de passion
Pour le rapsodeur d'Ilion,
Qu'il mit comme auteur qui tout prime
Dans un étui d'un million,
Celui (3) dont fut l'ambition
Telle que, pour être isotime
A la céleste nation,
Il préféra l'illégitime
A la royale extraction

(1) Nom que le duc de Nevers donnoit au duc de Vendôme.
(2) Nom sous lequel le duc de Nevers avoit écrit les deux épitres auxquelles Chapelle répond.
(3) Alexandre.

Et se fit un père anonyme,
Et de plus cornutissime,
Dans l'aréneuse région.
De vrai, pareil au chantre rare (1)
Qui sut la Grèce ensorceler
Des jeux, que vint renouveler
Iphyte avec tant de fanfare (2);
Si haut Moriez s'élève en l'air,
Qu'après lui qui voudroit voler,
Par quelque cascade bizarre,
Feroit de son nom appeler
Une mer lointaine et barbare,
Comme la Russe ou la Tartare,
Où le marchand n'osant aller,
De ce fol et nouvel Icare
On n'entendroit jamais parler;
Et dans une nuit éternelle
Croupirait mangé des poissons,
A moins que la troupe immortelle
Des neuf maîtresses des beaux sons,
Sur leur mont à croupe jumelle
Remontrant à leurs nourrissons,
Pour réprimer leur hypozèle,
N'allât leur dire en leurs leçons :
Gardez-vous d'imiter Chapelle,
Qui, pour vouloir à tire d'aile
Suivre Moriez dans ses chansons,

---

(1) Pindare.
(2) Iphyte rétablit les jeux olympiques qu'Hercule avoit fondés. (*S.-Marc.*)

Répandit son peu de cervelle
Sur les bancs et sur les glaçons
D'une mer où toujours il gèle,
Et périt d'une mort cruelle
Où périrent les Barentsons.

De plus, au temps d'un fier comète,
N'appartient à tête bien faite
Voler si haut, lorsque l'on peut
Jouer en bas à cligne-musette (1).
Maint prince déjà s'inquiète
De sa queue en forme d'aigrette,
Qu'à tort et qu'à travers il meut,
La prenant pour une vergette
Qui vient faire ici place nette.
Moi, qui sais qu'au plus il ne pleut
De son influence secrète
Que bourse vuide et que disette,
Je gagerois bien qu'il n'en veut
Qu'à quelque malheureux poète.
C'est donc pourquoi je me retire :
Car sur rimeurs sans doute il tire,
Et contre moi se fâcheroit,
Au même instant qu'il me verroit
Suivre en si haut genre d'écrire
Celui qui seul le peut de droit,
Tant pleinement Phébus l'inspire.
Puis nous manque notre bras droit,
L'abbé (2) que chacun tant admire ;

(1) Voir la note de la page 69.
(2) L'abbé de Chaulieu.

Qui, comme à tous plaire il voudroit,
Point n'est loisible au docte sire
D'être long-temps en même endroit.
Lui, qui sait Marot sur son doigt
Et l'art d'épitre en vers construire,
Dans celle-ci vous eût su dire
Tout ce que dire il vous faudroit.

LETTRE II

Au Duc de Nevers

Sur le même sujet, en réponse à une lettre en vers
dont toutes les rimes étoient en *ime* et en *ors*.

ncor que dans ta lettre ultime
Tu consommes si bien tout l'*ime*
Et si bien épuises les *ors*,
Cependant, Duc poétissime,
Loin de nous étonner, c'est lors
Que la troupe scarronissime
Des quatre nouveaux Amidors
T'en écrit lettre pleinissime,
Sans fouiller du sieur Des-Accords
Le volume bigarrissime (1).
Par là tu vois que mieux records
Du style macaronissime
Que du patois sauvagissime
Des Fouilloux et de leurs consorts ;
Nous montons moins nos Brilladors
Que le cheval volucrissime
Qui de son pied fit jaillir hors

---

(1) Les *Bigarrures du seigneur Des-Accords*.

Cette source fécondissime
Où tant burent les Fracastors.
Et, quant à ce que tu nous mors
Sur notre retraite chronime,
Songe que Fabius Maxime,
Le roi de tous les cunctators,
Par sa conduite lentissime,
Nous donne exemple sagissime
D'empêcher le sérénissime
D'aller sitôt mettre dehors
Son visage écarlatissime.
De plus, à nos vieux corridors
Nous joignons salon amplissime ;
Où, selon l'art vitruvissime
Brilleront lapis et marmors,
Tels qu'en ce temple sanctissime
Où l'on offroit avec l'azyme
Toutes bêtes hormis les porcs,
Avant qu'à sac funditissime
L'eût mis la main profanissime
Et plus que sacrilégissime
Des fiers Nabuchodonosors.

Mais pourquoi, Duc pindarissime,
Dans notre état tranquillissime
Veux-tu faire des Galaors
De ton couple népotissime (1);
Dans le temps opportunissime
Tu le verras audacissime

(1) De ton couple de neveux, le duc et le chevalier de Bouillon.

DIVERSES.

S'affourcher sur des pilladors ;
Et dans cette ardeur qui l'anime,
Pousser la gent à tapabords
Jusqu'au fleuve rapidissime,
Où régnoient les Bétlen-Gabors (1).
Par quoi, baron loquacissime (2),
Si le premier tu ne démors
De ta rage opiniâtrissime
A tant rimailler en *issime*,
Nous t'envoyerons vingt recors
Et du sergent rapacissime
Tous les ordinaires supports
Sceller ta bouche copronyme
Et te conduire par Gisors
Aux lieux où le bartholissime
Modèle de tous les Médors
Se feroit fait Catonissime
Pour terminer son ostracime,
S'il eût eu les fermes conforts
De ton grand duc Sénéquissime (3).

(1) Bétlen Gàbor, vaïvode de Transylvanie.
(2) Moriez, baron de L'Arsée. V. la note 2 de la page 105.
(3) Le duc de Nevers lui-même.

LETTRE III

Au Duc de Nevers

En suite de la précédente.

ur cette mer d'*ime* au superlatif
Voguer encor s'imputeroit à rage ;
Puis de ta nef pour, en si long voyage,
Suivre le cours par trop tempêstatif,
Besoin seroit d'avoir en patronage
La Grand Serpente avec les gens d'Alquif,
Qui porta jeune et dès son premier âge
Le Damoisel de la mer putatif ;
Mais c'est ici, comme ailleurs, grand dommage
Qu'un si beau conte on répute apocrif.
Notre pilote aussi, devenu sage
Pour à deux doigts s'être vu du naufrage
Par à te suivre être trop attentif,
Et bien recors qu'en ce dernier orage
Prêt à virer il vit son frêle esquif,
Dit que, depuis que le rude abordage
De ton navire à double et triple étage
L'a tant battu dans ce dernier estrif,
Qu'il est sans voile, antenne, ni cordage,
Et dénué de tout conservatif,

Son métier veut, sans risquer davantage,
Que terre à terre et le long du rivage
Il fasse aller un bateau si chétif.
Et bien lui sied de tenir ce langage :
Car à Toulon ou sous le canon d'If,
Tous ports amis et d'un très bon ancrage,
Il fera mieux de prendre un nouveau suif,
Qu'un trop ardent et brusque itératif
En pleine mer à te suivre l'engage.

Sitôt pourtant que pour son équipage
Il aura fait quelque préparatif,
Ce lui seroit, Duc, un sensible outrage
Si tu croyois qu'en repos et qu'oisif,
Il attendît d'être mené captif
Par tes vaisseaux en superbe esclavage.
Non, non, bien loin d'être au combat rétif
Pour ta victoire, et devenu craintif
D'en avoir fait si rude apprentissage,
Las de se voir dans l'état défensif,
Par quelque exploit noble et de haut parage,
Qui te sera d'un nouveau choc le gage,
Jusque chez toi, plus vigoureux et vif,
Te veut porter un cartel offensif,
Comme autrefois fit ce grand personnage
Qui, d'Annibal voyant appréhensif
Le peuple et Rome être presque au pillage,
Porta la guerre aux portes de Carthage.
Tel donc bientôt, avec gros rhabillage
De ce qu'il croit le plus à son usage,
Le plus de mise et le plus portatif,
D'aucun bureau, d'aucun port ni péage

Sans redouter le plus rude tarif
Fût-ce celui du vieux censeur Ménage,
Ou bien du noble et docte Aréopage (1),
En pareil cas juge indéclinatif,
Tu le verras vers toi tourner visage.
Mais c'est assez être Océanivage (2),
Car moins il doit, en marchand lucratif
Qu'à son gain mène un honteux asservage,
Qu'en voyageur raciocinatif
Que pousse un autre et plus digne motif,
Se gouverner en si long navigage.

N'infère point de là que, moins actif,
Et moins en mots d'*if* et d'*age* inventif,
Il ait eu peur d'en être en arrérage.
Il en a fait riche accumulatif
Et s'est lesté de leur gros ralliage,
Plus qu'un vaisseau ne fait de cailloutage ;
Et que l'enfant, de chez lui fugitif
Pour Saint-Michel voir en pélerinage,
Ne s'en revient chargé de coquillage.
Et, pour montrer que cet affirmatif
Est bien réel, et non comminatif,
Ni d'un gascon le fanfaron langage,
Mais le discours d'un pilote effectif,
Viens par plaisir jusques à Ténérif.
Le vin croît bon dans son heureux solage ;
Deux ou trois coups en boirons à l'ombrage
Du couvert frais, sombre et récréatif

(1) L'Académie françoise.
(2) Qui erre sur l'Océan.

De quelque aimable et verdoyant bocage,
Où du serin de ces beaux lieux natif
Toujours résonne un musical ramage.
Là cent vaisseaux faire leur radoubage
Vont, et d'agrès nouveau réparatif
Qui dans la suite à propos les soulage :
Car du long cours c'est le fameux passage.

Veux-tu, comme eux, mais plus expéditif,
Passant la ligne au point définitif
Qui jour et nuit en douze heures partage,
Doubler le cap nommé de Bon Présage (1)
Parceque là cessa d'être pensif
Et se vit prêt d'avoir le pucelage
Du tour d'Afrique, à lui seul primitif,
Gama, qui mit ses princes hors de page,
Et leur conquit si vaste possessif
Dans l'Indostan et son archipélage?
Veux-tu, laissant dans son chaud marécage
Le sale Caffre impudique et lascif,
Qui de ses pieds se sert au larronnage,
Et son voisin le pauvre Ethiopage
Qui son pays ne tient qu'en vasselage
Du Prêtre-Jean, chrétien assez métif,
Voir l'Erythrée (2), où se tient le chérif,
Après avoir pris de lui quelque otage :
Car tu sais bien qu'on y brûle tout vif
Quiconque n'a d'un rasoir ou canif
De son prépuce accourci le pelage?

(1) Le cap de Bonne-Espérance.
(2) La mer Rouge.

Ah ! quel bonheur si dans un ermitage
Nous trouvions là quelque révérend mage,
Affable, humain et point rébarbatif,
Grand cabaliste et très spéculatif,
Surtout pratic, plus qu'onc ne fut Baïf,
De la Massore et son baragouinage ;
Qui nous apprît comment le grand roi Juif (1)
Faisoit des biens si gros amoncelage,
Qu'il doubla bien de David l'héritage ;
Et, loin d'en être indigne ou destructif,
Bâtit un temple à son douzain lignage,
Qu'il lui laissa tout couvert d'or massif !
Or te voilà dans l'heureux paysage,
Au Paradis terrestre relatif,
Où l'oiseau rare et d'unique plumage
Sur son bûcher, de soi reproductif,
Se vient brûler dans l'épurant chauffage
D'encens, de mirrhe et bois odoratif.
Veux-tu d'encens qu'on te mène au fourrage,
Puis regagner Paris, le gros village ?
Il s'y vend cher par qui n'est apprentif
D'en savoir faire un flatteur étalage.
Aimes-tu mieux, d'un cours consécutif,
Entrer au Golfe ou Sein (2) qui du Calif
Reçut les lois et lui rendit hommage,
Pour le présent paie au Sophi carage,
Depuis Abas (3), par ordre successif ?
Veux-tu, sans voir Ormus le maladif,

(1) Salomon.
(2) Le golfe Persique.
(3) Le grand Abas, roi de Perse.

DIVERSES.

Où de tous biens la terre est en veuvage,
Gagner Surate et son port ou barrage,
D'où repartant de peur que sauvagif
Ne nous y trouve et ne nous y saccage,
Dans le Bengale, en quelque heureux mouillage,
Comme en ces lieux l'air est dessiccatif,
Aller goûter le frais restauratif
Du savoureux et tant vanté breuvage,
Que du coco, sans aucun expressif,
Tire le simple et seul apéritif.
Pour donc te rendre un dernier témoignage
Que, chaque jour plus imaginatif,
De l'Univers au coin le plus sauvage
Il peut aller, par tout pénétratif,
Notre pilote assure encore et gage
De te mener jusqu'à l'anthropophage,
En tout contraire au Banian pensif,
Qui, dans sa hutte ou sous l'épais feuillage,
Le long du Gange entretient son ménage,
Et croit son cours si purificatif
Qu'il y nettoie en tout temps son corsage,
Et qui, content d'herbes et de laitage,
De ce qui vit ne fait son nutritif,
Et simplement s'adonne au labourage,
De Pythagore en tout imitatif,
Au lieu que l'autre, âpre au sang et carnage,
Sur chair humaine exerce brigandage,
Et, trop glouton et trop vindicatif,
Ose s'en faire un horrible apanage.
D'où comme il faut bientôt plier bagage,
Et de s'enfuir n'être pas trop tardif,
Si tu m'as vu, toujours plein de courage,

T'amener jusqu'en cette étrange plage;
Tu me vas voir, sur le mémoratif
De ton retour, sans en être craintif,
Savoir virer le cap du Gange au Tage.
Car, aussi bien un prudent rétrécif
Veut qu'on finisse un si long badinage,
Qui deviendroit, sans un tel correctif,
De mots rimés un fade verbiage;
Et seroit vrai dire au contemplatif,
Qui dans le port en repos se ménage,
Qu'il s'attend bien que de cet excessif
Embarquement et sur *if* et sur *age*
Je ne saurois me sauver qu'à la nage;
Et sur la rive, haletant et poussif,
De mon débris par trop lamentatif
En *ex voto* faire une triste image.

Envoi.

Nous te laissons, pour t'en venir hâtif,
Et plus encor, charriage, attelage.
Ta venue est du prince l'optatif;
Mais, si tu crois valable retentif
De dix et six le fameux assemblage,
Pour nous répondre on t'accorde message
Et de ces mots le rimant fagotage;
Pas n'avons cru, par total ablatif,
En devoir faire un si cruel ravage,
Qu'il ne t'en reste assez gros collectif
Pour en remplir encore mainte page.

LETTRE

A Monsieur ***

Pour l'inviter à revenir de la campagne (1)

mi, dis-moi, que je le sache,
Dedans les champs ce qui t'attache,
A présent que leur vert panache
Impitoyablement s'arrache
A coup de vent, à coup de hache;
Que le brouillard les vallons cache,
Et gèle leur rude moustache;
Que l'air d'une obscure rondache
Couvre la terre et toujours crache
Sur le vilain plancher à vache;

(1) Rec. de Sercy, t. III, p. 235. Sans nom d'auteur.
Si j'attribue cette lettre à Chapelle, c'est uniquement parceque le style, le tour du vers et la manière d'amener les rimes ont beaucoup de ressemblance avec d'autres lettres en vers qu'on lit dans cette édition, et qui sont certainement de lui. (*S.-Marc.*)
Il faut avoir un bien grand désir de n'être pas moins complet que ses prédécesseurs pour admettre ici cette pièce et la note naïve de Saint-Marc.

Qu'on ne peut aller sans gamache
Ou grand soulier qui crotte écache,
Que de Corbeil l'orde patache,
Plus que jamais les grègues tache.

Il faut que quelque douce flèche
Dans ton estomac ait fait brèche,
Que quelque bergère t'allèche,
Comme un enfant qui sirop lèche,
Ou comme un agneau près sa crèche.
Aurois-tu la tête assez sèche
Pour prendre comme de la mèche
A cette amoureuse flammèche?
Dans ce soupçon dis si je pèche.

Quoi donc! pour tuer une biche
Et trouver où faisan se niche,
Ou faire au lièvre quelque niche,
Cours-tu pré, bois, montagne et friche
Avec levrier et barbiche?
Ou, grimpé dessus la corniche
D'un rocher, tout un jour, sans miche,
Attends-tu le hasard qui triche,
Qui promet dedans son affiche
A chacun de le faire riche,
Ou quelque autre colle nous fiche,
Et de bon succès est très chiche?

Ne souffre pas qu'on te reproche
Un pareil travers, qui s'approche
De la rage et du cœur de roche
Des animaux à l'ongle croche.

Ne prends le gibier qu'à la broche,
Comme les clercs de la bazoche;
Tu ne craindras point la taloche
D'un cerf, ni qu'un sanglier t'accroche,
Ou qu'une branche l'œil te poche,
Qu'un chicot déchire ta poche,
Qu'il te vienne au pied quelque cloche,
Que le trot d'un cheval te hoche,
Qu'il tombe, qu'il bronche ou qu'il cloche,
Ou qu'il ait quelque fer qui loche.
Viens donc, et que nulle anicroche
N'embarrasse plus ta caboche;
Tu seras gras comme une coche
Cent ans, sans faire sonner cloche,
Sans que pour toi fosse on pioche,
Et sans humer suc de bouroche.
Viens, te dis-je, prends la galoche,
Vite comme un trait qu'on décoche,
A cheval ou dedans un coche.

Assis là tout près d'une huche,
Sur qui maint garnement se juche
Pour mieux hausser gondole et cruche,
Pendant qu'autour mainte guenuche
Toutes les nouvelles épluche,
En bourdonnant comme une ruche,
Emmitoufle-toi dans ta pluche;
Cet an l'almanach de Coluche
Nous menace de coqueluche.
Adieu, ton valet je me huche.

LETTRE

A Monsieur Moreau (1).

Je ne vous ferai point ici la description de la maison de Saint-Lazare, où je suis, puisque je vous la vais faire en vers. Je me contenterai seulement de vous dire, pour vous exciter à compassion, que je suis dans un lieu où on me donne tout ce qui m'est inutile et rien de ce qui m'est nécessaire. J'ai un bénitier, et je n'ai point de pot de chambre auprès de mon lit. J'ai un prie-Dieu, et je n'ai point de chaise ni de table dans ma chambre. J'ai un surplis (2), et je n'ai point de chemise. J'ai un bonnet pour le jour, et je n'en ai point de nuit. J'ai une soutane, et je n'ai point de robe de chambre. A table j'ai des serviettes, des

---

(1) Chapelle, que ses tantes avoient fait enfermer à Saint-Lazare, n'avoit que vingt ans lorsqu'il écrivit cette lettre, en envoyant la pièce suivante. (S.-Marc.)

(2) Par ces mots : *j'ai un surplis*, et par ceux-ci qu'on va lire plus bas : *j'ai une soutane*, on peut conjecturer que Chapelle avoit été destiné d'abord à l'état ecclésiastique. (S.-Marc.)

assiettes, des couteaux, des cuillères, et je n'ai rien à manger. Enfin, Monsieur, dans les conversations je n'ai que des gens qui m'importunent, et je n'en ai point qui me divertissent : car tous leurs entretiens ne sont que des invectives contre les vicieuses coutumes du siècle, et de s'emporter particulièrement contre ceux qui, au lieu de dire : *Je me recommande à vos bonnes grâces*, disent, quand ils se quittent : *Je suis votre serviteur.*

DESCRIPTION
DE SAINT-LAZARE.

Toi qui nous fais voir la sagesse
Jointe avec la vivacité,
Toi qui ravis la liberté
Aux dames par ta gentillesse,
Comme aux hommes par ta bonté;

Moreau, le pauvre solitaire
Qui, sans ta consolation,
Seroit mort dans la Mission (1),
En ce peu de mots te va faire
Une triste description.

Dans une froide plaine assise
Est une chétive maison
Où jamais ne fut vu tison,
Et qui ne peut parer la bise
Que par quelque faible cloison.

Ceux qui ce logement bâtirent,

---

(1) C'étoit le nom de la congrégation de Saint-Lazare.

Désirant s'y mortifier
Et n'y rien faire que prier,
Une grande église ils y firent,
Et pas une cave ou grenier.

Je puis dire que rien ne fume
Jamais en ce funeste lieu,
Et qu'on n'y voit jamais de feu
Que quant aux vêpres on allume
L'encensoir pour honorer Dieu.

Là de pauvres gens, pâles, blêmes,
Secs, tout meurtris et décharnés
Par les coups qu'ils se sont donnés,
Disent qu'assurément eux-mêmes
Et tous les autres sont damnés.

Nuit et jour ils sont en prières,
Tant ils ont crainte de l'enfer;
Et, pour mieux surmonter la chair,
Se donnent cent coups d'étrivières,
Ce qui s'appelle en triompher.

Ces lieux, où sans sonner sonnette
Personne n'entre ni n'en sort,
Sont les lieux d'où, moins vif que mort,
Je t'écris que cette retraite
Commence à me déplaire fort.

Mais, afin qu'on ne puisse dire
Que pour peu de difficultés
Mes semblables sont rebutés,

Mon dessein est de te décrire
Mes moindres incommodités.

Ma chambre, ou plutôt une armoire
Qu'on a faite pour me serrer,
D'abord qu'on me la vint montrer,
Me fit rire; et j'eus peine à croire
Que j'y pusse jamais entrer.

Dans ce lieu, moins chambre que cage,
Un aquilon froid et mutin
Me fait trembler soir et matin :
Car, pour me parer de sa rage,
Mon plus gros mur est de sapin.

Apprends maintenant la structure
De nos misérables grabats :
Deux ais servent de matelas,
Un tapis vert de couverture,
Et deux serviettes de deux draps.

Dès que j'abaisse les paupières
Sur mes yeux du sommeil battus,
Un claustral *benedicamus*
M'éveille et m'envoie aux prières,
Qui durent trois heures et plus.

Le dîner, ou plutôt dinette,
Que sans déjeuner on attend,
N'est rien qu'un petit plat, moins grand
Que la plus petite palette
Dont on use à tirer du sang.

A ce plat on proportionne
Un peu de vache et de brebi;
Si peu même qu'une fourmi
N'auroit pas, à ce qu'on nous donne,
De quoi se soûler à demi.

Le vin, grossier, rouge, insipide,
Ne peut qu'avec peine couler;
Et je ne saurois avaler
Ce vilain cotignac liquide
Sans avoir peur de m'étrangler.

Ce petit dîner, je t'assure,
Nous tient demi-heure pourtant ;
Mais ne t'en étonne pas tant :
C'est que Bénédicité dure
Un quart d'heure, et Grâces autant.

Après dîner, c'est l'ordinaire,
Pour aider la digestion,
Il y a récréation,
Où l'on emploie une heure entière
En quelque conversation.

Ces conversations chrétiennes,
Vraiment dignes de ces oisons,
Sont, par mille sottes raisons,
De me prouver que les antiennes
Valent mieux que les oraisons.

Que tous les jours ma faim soit grande,
Mon dîner te le fait juger;

Cependant, pour ne point charger
Mon estomac de trop de viande,
Mon souper n'est pas moins léger.

Enfin, Moreau, quoi que j'en dise,
J'en dis bien moins qu'il n'y en a;
Mais il faut finir, car voilà
L'heure qui m'appelle à l'église,
Où les autres chantent déjà.

SONNET IRRÉGULIER

Contre ses parents

A Monsieur Moreau.

ui, Moreau, ma façon de vivre
Est de voir peu d'honnêtes gens,
Et prier Dieu qu'il me délivre
Surtout de messieurs mes parents.

Ce que j'ai souffert avec eux
Surpasse même la souffrance
De celui qui, pour sa constance,
Dans l'Ecriture est si fameux.

Hélas ! ce sage misérable
N'eut jamais affaire qu'au diable,
Qui le mit nu sur un fumier.

Pour voir sa patience entière,
Il falloit que Job eût affaire
Aux deux sœurs de Monsieur Luillier

ÉPIGRAMME

Sur ce que Ménage avoit dit qu'il ne se miroit jamais sans convulsion, parceque depuis quarante ans il étoit prodigieusement changé, quoiqu'il fût encore blanc sous le linge.

L'amoureux et docte Ménage,
Ce galant écolier juré,
Si l'on en croit à son langage,
Depuis vingt ans ne s'est miré,
Ne pouvant plus voir son visage
Si have et si défiguré.
Quand il eut pourtant fait l'image
De l'Archipédant renommé (1),
Giraud nous rendit témoignage
Qu'il se mira dans son ouvrage
Comme en son portrait animé;
Sans voir qu'il n'étoit guère sage
De s'être en ce fou personnage
Lui-même si bien exprimé.

(1) Pierre de Montmaur, sur lequel Ménage a fait une pièce satirique intitulée : *Métamorphose de Montmaur en perroquet.*

FRAGMENT DE CHANSON

sur Boucingo

Fameux Marchand de vin traiteur (1).

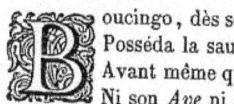oucingo, dès son âge tendre,
Posséda la sauce à Robert,
Avant même qu'il pût apprendre
Ni son *Ave* ni son *Pater*.

(1) . . . . J'ai quatorze bouteilles
D'un vin vieux... Boucingo n'en a point de pareilles.
(Boileau, sat. 3.)

LETTRE
A SA MAITRESSE

En lui envoyant un pâté de lièvre.

ruelle princesse, qui fais
Que tous les jours je me retranche
Les longs dîners de la Croix Blanche
Et les charmants soirs du Marais,
Qu'absent tu me tourmentes! Mais
J'en aurai bientôt ma revanche.
Sache que déjà je me plais
A voir mon cœur, gros de regrets,
Me reprocher le long obstacle,
Qu'impitoyablement tu mets
A tous mes soins et leurs progrès.
Que n'a pu sur moi ce spectacle,
Qui m'a fait cent rivaux tous frais,
Et gens dont, à moins d'un miracle,
Nous ne nous sauverons jamais!
Sache encor qu'un certain oracle,
Et des plus sûrs et des plus vrais,
M'a promis que bois et forêts (1)
Vont remettre sur le pinacle
Ma raison et mon âme en paix.

(1) La chasse.

Il est vrai qu'il y joint après
Un Thériaque ou Thériacle (1),
Qu'on tient l'un des plus grands secrets,
Mesdames, contre vos attraits.

Or cet Oracle consulté,
Dont j'ai déjà tant profité,
C'est Manicamp, belle inhumaine,
Qui terriblement me promène
Contre ton inhumanité,
Jurant qu'ainsi bien agité
Et bien courant la pretantaine
Par les buissons et par la plaine,
J'oublierai ta méchanceté.
Tu connoîtras la vérité
Et combien je suis en haleine
De campagne et de liberté,
Quand le messager de Touraine
Te portera le gros pâté,
Qui m'a, sans te mentir, coûté
Bien du tourment et de la peine.
C'est ce qui fera sa bonté :
Car de l'animal tourmenté
Provient la bonté souveraine ;
Outre que le drôle encroûté
Avoit la plus grasse bedaine
Dont nous ayons jamais tâté.
L'adresse, au reste, en est certaine ;
Le tout est bien étiqueté ;
Et c'est de bonne volonté

(1) Le vin.

Que, pour m'aider contre ta haine,
Un marquis, plein d'honnêteté,
Prétend qu'il te soit présenté
Pour cette Saint-Martin prochaine;
Ou bien de coups quelque douzaine
Paiera la témérité
De quiconque l'aura porté,
Si, dans la fin de la semaine,
Ton reçu ne nous est coté.

Faites-en donc bien bonne chère.
Surtout qu'il vous serve d'essai,
Et, s'il a le bien de vous plaire,
Ayez là dessus le cœur gai,
Vous n'en manquerez, ma foi, guère,
Puisque, outre la chasse ordinaire,
Notre cher ami Le Boulai,
Que vous savez et que je sai
Etre votre humble tributaire,
Aura de quoi vous satisfaire
En pâtés, et pas plus méchants :
Car il a quatre bonnes filles ;
C'est, en mots assez approchants,
Quatre levrettes fort gentilles,
Qui battent fort souvent aux champs,
Et devant qui les meilleurs drilles
Des lièvres et les mieux marchants
Ont peine à sauver leurs guenilles,
Et se tirer d'entre leurs dents.
Tout me manque, jusqu'au bon sens.
Adieu. Cachez bien ces vétilles,
Ou les montrez à peu de gens.

ÉPITAPHE D'UN CHIEN (1).

Passant réfléchisseur, qui vois ce monu-
[ment,
Dis-moi, puisque l'Amour fut éternelle-
[ment,
Pourquoi faut-il que la nature
N'ait point fait d'éternel amant?
Un petit chien, dont j'écris l'aventure,
Jadis d'amour fut un brasier ardent;
Maintenant, chose étrange! il est froid comme glace,
Car il est mort; grand bien lui fasse!
Puisse-t-il être constellé,
C'est-à-dire bien installé
Au dessus du signe d'Hercule,
Dans le ciel de la canicule!
Hélas! combien de pleurs Amaryllis versa,
Le jour fatal qu'il trépassa!
Elle auroit moins pleuré maint amant romanesque
Qui de brûlant devient glacé
Avant que d'être trépassé.

(1) Cette pièce et la suivante sont imprimées sous le nom de Chapelle dans le *Nouveau choix de poésies* qui parut en 1715 en 2 vol. in-8°, recueil fait par Danchet.

Feu Levron, quoique issu de race gigantesque,
Fit vœu de vivre nain. Sa raison, la voici :
Levriers allongés sont propres pour la chasse ;
Mais près des dames, non. Levrons en raccourci,
Nichés au coin du feu, tiennent bien moins de place.
Ceci considéré, Levron voulut rester
Dans sa petite taille, et pria Jupiter.
Jupiter l'exauça. Biscuit et confiture,
Au lieu de se tourner en vaine nourriture,
    Se convertissoient en amour.
Le levron téméraire, enfin, pour faire court,
    Sous le jupon de sa maîtresse
    Pour avoir plus chaud se glissa.
    Sans scrupule elle l'y laissa :
Il étoit si petit ! Heureuse petitesse,
S'écria le levron transporté d'allégresse !
Si j'étois levrier, grand comme mes aïeux,
    Sous ce dôme délicieux
Pourrois-je impunément promener ma tendresse;
Bientôt, fâché pourtant d'être né si petit,
Petit levron mourut d'amour et de dépit.

STANCES IRRÉGULIÈRES

Au Moineau de Climène.

Petit moineau, délices de Climène,
Qui l'amusez par sauts et tours badins,
Chassez, mordez galants bruns et blon-
[dins,
Que Cupidon à ses genoux amène.

A mes rivaux livrez guerre traîtresse;
Becquetez-les surtout quand leur tendresse,
S'émancipant, veut dérober faveurs
Qu'Amour ne doit qu'à mes vives ardeurs.

Daignez servir le beau feu qui me brûle,
Suivez Climène et gardez ses appas.
Quoique ne sois tant disert que Catulle,
Vers louangeurs ne vous manqueront pas.

Si méprisez les tributs de ma veine,
Ne me privez pour cela de vos soins;
Biscuits friands je vous promets du moins.
Vous vous tiendrez à cette offre certaine;
Bien je connois votre morale saine.

Sages moineaux, toujours solidité
Fixe vos goûts, Plaisir seul vous anime.
Il faut jouir, c'est là votre maxime,
Dogme chez nous follement contesté.

Pour vous, Moineau, si faites vanité
Du beau servage où le destin vous lie,
Pas ne serez accusé de folie,
Comme estimant frivole volupté;
Là seulement gîte félicité.
L'heureux moineau que l'amant de Lesbie
Es bords du Tibre a jadis tant chanté
Moins vit d'attraits dans l'aimable romaine,
A qui plaisoit par sa vivacité,
Que n'en voyez aujourd'hui dans Climène.

Essaim de cœurs, tout percés de ses traits,
Savent qu'en dire et ne peuvent s'en taire.
Plus doit priser les éloges secrets
Qu'elle reçoit de mes soupirs discrets.
Telle louange, au tarif de Cythère,
Onc ne se paie avec souris coquets.

Cette monnaie, hélas! fausse et légère,
Fait tout le fond de certains beaux objets.
Préserve, amour, tout cœur tendre et sincère
De s'engager à si mince salaire.
Des vrais amants soutiens les intérêts,
Tu n'auras pas grande besogne à faire.

Et vous, Moineau, confident de mes feux,
Cher favori de l'objet que j'adore,

Chassez, mordez, je vous le dis encore,
Chassez, mordez mes rivaux dangereux;
Par cris perçants, par insulte soudaine
Interrompez leurs discours amoureux;
Ne permettez à l'aimable Climène
Que d'écouter le récit de mes feux.

PLACET

A Monsieur le Comte du Lude

Grand-maître de l'artillerie

Pour lui demander du petit-salé.

Plaise à monseigneur le grand-maître
Oublier un peu son salpêtre,
Boulets, canons, et tout l'emploi
Dont il vient de faire connoître
Si bien ce qu'est notre grand roi;
Et n'oublier certain saloi,
Ni la provision champêtre
Qui déjà même y devroit être,
Suivant les us, coutume et loi,
Qui veulent petit lard renaître,
Sitôt qu'on voit en désarroi
Les jours d'Automne et les nuits croître.
C'est le seul mets, en bonne foi,
Qui peut mon trop petit dequoi
Sur ma table faire paroître
Pour nourrir ma famille et moi,
Jusqu'au temps que vient un bon prêtre
Nous dire à chacun : Souviens-toi
De ta boue et de ton bicêtre.

Ce fut par une matinée,
(Et même sans être sorcier,
Bien dirois l'heure et la journée)
Qu'ordonné fut au sieur Boursier
De ne laisser passer année,
Ni Saint-Martin sur son coursier,
Qu'on ne vît dans ma cheminée
La belle et gaillarde échinée
Au poil blondin s'associer.

Et cependant mes dieux larés,
Qui s'attendent à l'ordre exprès,
Portent chez moi de chambre en chambre
Un nez plus friand de porc frais,
Que de myrrhe, civette et d'ambre,
Et, ne trouvant rien qu'âtres froids,
En font déjà mille regrets,
De voir ainsi s'enfuir Novembre
Sans rien avoir de vos forêts.

RONDEAU.

Marotte n'est adjugeable aisément,
Tant méritée elle est communément,
Et par plaisir, voyons, je vous supplie,
Si plus de fous le peuple a dans sa lie
Que la noblesse et tout le parlement.

Plus, tel on garde en son appartement
Moins fou que tel qui s'y tient follement;
Si qu'encor bien prise et bien établie
      Marotte n'est.

Mieux donc seroit dire indifféremment :
Chapelle est fou, Saint-Victor mêmement,
Nul parmi nous n'est exempt de folie;
Et tant mieux c'est, puisqu'à passer la vie
Et bien mener, inutile autrement
      Marotte n'est.

LETTRE

A Madame la Duchesse de Bouillon

En lui envoyant la pièce suivante.

Vous m'accusez obligeamment,
En tout très parfaite duchesse,
Que tard et bien négligemment
Je m'acquitte de ma promesse;
Sur quoi, si vous demandez qu'est-ce
Qui cause ce retardement,
Il faudra bien qu'ingénûment
Je vous avoue et vous confesse
Ecrire faire mon tourment,
Paresse être mon élément,
Et cela sans nulle finesse :
Puisqu'à vous parler franchement,
Autre chose est, belle princesse,
Paresse, mot de compliment,
Autre chose, fine paresse,
Qui n'écrit point ou rarement,
Telle qu'a trop vu Votre Altesse
Etre la mienne absolument.

Quand j'ai relu cette tirade d'adverbes en *ment*, j'ai trouvé qu'elle tenoit fort des commandements qu'on récite à l'église, et j'allois tout effacer, quand un meilleur génie m'a inspiré que M. de Jussac, bien loin de s'en dégoûter, ne m'en suivroit que plus volontiers. Je lui veux donc laisser la plume pour faire à Votre Altesse une dédicace en belle prose d'avant-propos de tout ce que nous avons fait depuis que nous sommes ensemble, et dont non seulement *pars magna fuit, sed maxima*.

Quant à moi, pour vous marquer autant que je puis, Madame, l'extrême désir que j'ai de contribuer à la réjouir par ces bagatelles de Parnasse, je ne laisserai pas, malgré ce que j'en pense, d'y joindre un méchant *Hiver burlesque*, que j'adressois à M. l'abbé de Chaulieu. Je croyois le lui envoyer devant qu'il fût de retour; mais je n'ai pu trouver d'occasion, et ce sera lui-même qui en sera le porteur. Au reste Votre Altesse sait trop bien tous les beaux endroits de l'auteur (1) dont j'ai pris le commencement, pour oser lui marquer. Je la prierai seulement de le vouloir lire avec toute l'indulgence que demande cette façon d'écrire.

(1) Horace.

L'HIVER.

A Monsieur l'Abbé de Chaulieu.

her abbé, souviens-toi qu'Horace
Veut qu'on mette pendant ces froids
Largement du vin dans la tasse
Et dans le foyer force bois.
Vois-tu nos arbres et nos toits
Soutenir à peine le poids
De la neige qui s'y ramasse?
Vois-tu nos fleuves, comme en Thrace,
Si bien arrêtés pour deux mois,
Que bientôt à la même place
Où rouloient les flots autrefois
Tu verras rouler les charrois
Sur leur ferme et stable surface?

Les Aquilons ont glacé l'air;
Le Soleil n'ose plus aller,
Et puisque tant de temps se passe
Sans qu'il paroisse dans les cieux,
Crois que le forgeron des dieux
Lui ferre ses chevaux à glace.

La Terre aussi, s'émerveillant
De voir de la céleste voûte
Lui manquer le secours brillant,
De crainte se cache en déroute;
Et, partout aux yeux défaillant,
S'en va bientôt faire, sans doute,
Au peuple brute banqueroute,
Qui n'a plus, dans tout son vaillant,
Que l'écorce des bois qu'il broute.

Plus desséché qu'un hareng pec,
Le poisson meurt sous ces entraves;
Pour mettre de quoi dans leur bec
Les oiseaux se font nos esclaves;
Et nous-mêmes, sans choux ni raves,
Ne vivons, dans ce rude échec,
Que de ce dont Melchisédec
Reput Abraham et ses braves,
C'est-à-dire de beau pain sec
Et du bon gros vin de nos caves.

Abbé, long sera ce désordre,
Qui tout l'Univers a transi;
Et nous va ce grand hiver-ci
Donner bien du fil à retordre.
Il a nos jardins endurci,
Et corrompu tous nos mets, si
Que qui peut y trouver à mordre
Au Ciel doit un beau grand merci.

Tenons-nous donc, toi dans Evreux,
Où soir et matin tu festines

Avec la fleur des héroïnes (1);
Moi dans Anet, lieu plein de jeux,
Et de bons vins les plus fameux
De France et des îles voisines.
Aussi m'y crois-je tant heureux
Et comblé de faveurs divines,
Que, pendant tout ce temps affreux,
Pour en sortir, d'un mois ou deux
Ne feront place à mes bottines
Mes souliers, si tu ne le veux
Et qu'âprement tu ne t'obstines,
Ou que, pour faire au Ciel des vœux,
Jussac, du bien vivre amoureux,
A Noel ne m'entraîne à Matines.

(1) La duchesse de Bouillon.

LETTRE
A Monsieur Carré
Pendant la guerre civile de la Fronde.

La belle et galante manière
Dont vous mettez vers en lumière
Nous fait bien voir, Monsieur Carré,
Que, lorsque vous serez curé,
Vous direz peu votre bréviaire.

Bien plutôt aurez soin et cure,
Quand vous serez à votre cure,
D'avoir toujours force poulets,
Et de vin savoureux et frais
Très suffisante fourniture.

Aussi ne verra-t-on chez vous
Hypocrites ni loups-garous,
Torts-cols à grimaçante mine,
Ni cagots de telle farine,
Mais bien des gens faits comme nous.

Maintenant, quant au Panégire
Que sans rougir je n'ai pu lire,
Fort vraiment vous m'obligerez

Si, lorsque vous nous écrirez,
Il vous plait de n'en pas tant dire.

Eh quoi! là dedans mon éloge
Dure plus d'une heure d'horloge,
Et pas un ne voit le pourquoi,
Car je ne suis prince ni roi,
Et vertu nulle en moi ne loge.

Ce n'est pas que si grande lettre
Ne m'obligeât bien à vous mettre
Un bel et beau remercîment;
Mais écrivons sans compliment,
Puisque nous écrivons en mètre.

Vous saurez donc qu'ici la peste
Et la guerre, encor plus funeste,
A ravi la moitié des gens.
Je ne sais si les Allemands
Voudront bien épargner le reste.

Le Nord nous a rendu visite,
Suivi d'un nombreux exercite
De Lorrains, Croates et Goths,
Le tout pour nous mettre en repos,
Ainsi que gazette débite.

Cependant ils ne laissent pas
De charger leurs chevaux de bâts
De mainte belle et bonne harde,
Et tout ce qu'aux champs on hasarde
Est le butin de leurs soldats.

Toutes ces troupes étrangères
Font qu'on ne se promène guères.
Hélas! comment le pourroit-on,
Puisque Chaillot et Charenton
Sont à présent places frontières?

Je suis renfermé dans la ville,
En grand chagrin, sans croix ni pile.
Nous buvons mal, et, qui pis est,
Boirons long-temps mal, s'il ne plaît
Aux gens d'armes de faire gille.

Car à Melun une grand'chaîne,
Qui tient la pauvre Seine en gêne,
Empêchant nos fameux voisins
D'amener ici leurs bons vins,
Nous réduit à ceux de Surêne.

Encore en avons-nous bien peu,
Car, sur ma foi, ce n'est pas jeu
D'en entreprendre la voiture;
Et qui le fait sans aventure
En doit belle chandelle à Dieu.

LETTRE A DAMON (1).

e verrai-je jamais Ninon
Sans aller décliner mon nom?
De grâce, introduis-moi chez elle :
Je brûle de voir cette belle.
Si c'est mon mal, si c'est mon bien,
Je veux mourir si j'en sais rien.
Hélas! je désire peut-être
Une faveur dont il peut naître,
Pour peu que j'eusse de malheur,
Du chagrin et de la douleur.
Peut-être que, pour ma souffrance,
Parmi les soupirs d'importance
De tant de ducs et de marquis
Que des yeux si beaux ont conquis,
Mes soupirs chez cette cruelle
Seront traités de bagatelle;
Mais aussi peut-être que non,
Car, comme on parle de Ninon,

---

(1) Saint-Marc est encore obligé de reconnoître ici que de cette pièce et des six pièces qui suivent, toutes relatives à Ninon, la ballade seule est certainement de Chapelle, quoique quelques unes lui soient attribuées par la tradition et que les autres soient très vraisemblablement de lui.

Elle est ou contraire ou propice,
Selon qu'il plaît à son caprice,
Et son caprice, ce dit-on,
Vaut souvent mieux que la raison.
Cependant, quoi qu'il en puisse être,
Cher Damon, je la veux connoître,
Et rendre hommage à mes vainqueurs,
Ces vainqueurs de tant d'autres cœurs;
Je veux voir ces yeux qu'on adore
Du soleil couchant à l'aurore.
Je verrai briller leurs clartés
Et toutes ses autres beautés,
Sa belle humeur, son grand génie.
J'entendrai la belle harmonie
De son luth, de qui les douceurs
Passent le concert des Neuf Sœurs.
Ainsi mes yeux et mes oreilles
Seront charmés de ses merveilles;
Et peut-être avec tout cela
Je n'en demeurerai pas là.
Qui charme deux des sens ensemble,
En peut émouvoir trois, ce semble,
Et, si le caprice est pour moi,
Me voilà plus heureux qu'un roi.
Ami, courons à ces délices;
Allons offrir, sous tes auspices,
Et mon cœur et ma liberté
A cette immortelle beauté.
Ne trompe point mon espérance.
Je meurs déjà d'impatience,
Et, si je ne la vois mardi,
Tu me verras mort mercredi.

L'OMBRE DE DAPHNIS
A Damon.

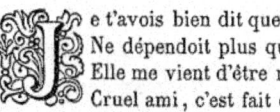e t'avois bien dit que ma vie
Ne dépendoit plus que de toi.
Elle me vient d'être ravie :
Cruel ami, c'est fait de moi.

Ce n'étoit point chose frivole
Quand je te prédis mon trépas.
J'étois trop homme de parole
Pour le dire et ne mourir pas.

Je viens de passer l'onde noire
Dans le terme que j'avois pris.
Mon ombre t'en écrit l'histoire;
Ce n'est pas moi qui te l'écris.

Tes remises insupportables
Ont précipité mes destins.
Dieux! que les gens sont misérables
Quand ils ont affaire aux blondins.

Si tu vois l'astre que j'adore,
Apprends-lui mon tragique sort,
Et qu'aujourd'hui j'éprouve encore
L'amour plus puissant que la mort.

Mon âme en ces lieux vagabonde
Ressent son extrême pouvoir;
A peine avois-je dans le monde
Un plus grand désir de la voir.

Sans ce mal qui me fait la guerre,
J'aurois à souhait tous les biens;
Dans les champs bienheureux où j'erre
Ce ne sont qu'Epicuriens.

Je crois que, pour voir cette belle,
Au point où mon feu me réduit,
Il faudra que dans sa ruelle
Je m'aille glisser quelque nuit.

Là je contemplerai ses charmes,
Redoutés pour tant de raisons,
Mais sans faire les grands vacarmes
Que nous autres esprits faisons.

Plus sage dans cette aventure,
A rien je ne m'échapperai,
Et renverser la couverture
Est tout le mal que je ferai.

Que si, contre mon espérance,
Je t'y trouvois, heureux Damon,
Pour satisfaire ma vengeance
Je ferois alors le démon.

BALLADE

Pour Mademoiselle de Lenclos.

La terre en son rond spacieux,
Pour qui soupiroit Alexandre;
La mer, qui voit monter aux cieux
Phébus, et qui l'en voit descendre;
Le monde entier ne doit prétendre
D'avoir rien de plus précieux
Qu'un bel objet qui nous sait prendre
Et par l'oreille et par les yeux.

Quand, non loin des bords odieux
A Junon, qui les mit en cendres,
Sur l'Hellespont trop furieux
Et qui le menaçoit d'esclandre
S'hasarda le pauvre Léandre,
C'est qu'Hero, qui chantoit des mieux,
Pire que fou l'avoit su rendre
Et par l'oreille et par les yeux.

Ne sait-on pas bien qu'en ces lieux
Où baume, encens et musc s'engendre,
Pirame, le jeune et beau fieux,
A Thisbé se fit trop entendre

Au travers du mur, que sut fendre
Amour, toujours ingénieux
A glisser son charme et son tendre
Et par l'oreille et par les yeux?

Envoi.

Vous, dans qui le plus beau des dieux
Son aimable et son gracieux
Voulut si pleinement répandre;
Vous, dont le luth harmonieux
Fait que tous, et jeunes et vieux,
Sont à vous, à vendre et dépendre;
Comme, en sa mort mélodieux,
Chante un cygne aux bords du Méandre,
Je viens, en mourant, vous apprendre
Par ces vers peut-être ennuyeux,
Que mon cœur ne s'est pu défendre
De tout ce qui l'a su trop prendre
Et par l'oreille et par les yeux.

LETTRE

A Mademoiselle de Lenclos.

LE DESSUS.

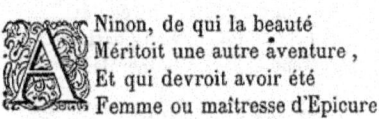Ninon, de qui la beauté
Méritoit une autre aventure,
Et qui devroit avoir été
Femme ou maîtresse d'Epicure.

LA LETTRE.

Si c'est à bonne intention
Qu'à tes loix tu veux me soumettre,
Réponds à mon affection
Lorsque tu réponds à ma lettre.

Mon cœur pour toi forme des vœux,
Mes yeux te trouvent sans seconde,
Et, si je ne suis amoureux,
Je suis le plus trompé du monde.

Mon âme languit tout le jour;
J'admire ton luth et ta grâce.
J'ai du chagrin, j'ai de l'amour :
Dis-moi, que veux-tu que j'en fasse?

Ton entretien attire à soi ;
Je n'en trouve point qui le vaille ;
Il pourrait consoler un roi
De la perte d'une bataille.

Je me sens toucher jusqu'au vif
Quand mon âme voluptueuse
Se pâme au mouvement lascif
De ta sarabande amoureuse.

Socrate, et tout sage et tout bon,
N'a rien dit qui tes dits égale ;
Au prix de toi, le vieux barbon
N'entendoit rien à la morale.

Tu possèdes les qualités
Dont un cœur ne peut se défendre.
Peut-on avoir tant de beautés,
Et n'en avoir point à revendre.

Je sais quel nombre de galants
De ton affection se pique.
Trop de Médors, trop de Rolands,
Font l'amour à mon Angélique.

Je modère ainsi mon courroux
De ne pouvoir faire des rimes :
Je les voudrois dignes de vous,
Et de pareils souhaits ne sont pas légitimes.

SONNET.

Ami, je ne puis ressentir
Les maux que ton esprit projette;
Quoique tu fasses le prophète,
Je pourrai te faire mentir.

Je sais que Ninon est parfaite,
Que ses traits se font bien sentir;
Mais, fût-elle cent fois mieux faite,
Je ne saurois y consentir.

Son esprit, Tircis, qui te trompe,
Cherche l'éclat, court à la pompe
Et ne sauroit être indulgent.

J'aime mieux, et crois être sage,
Que l'argent serve de visage
Qu'un visage serve d'argent.

SONNET.

inon, ma compagne très chère,
Pourroit vaincre le plus brutal,
Et je veux être mis en bière
Si le mal qu'elle fait n'est mal.

Je suis pourtant fort en arrière,
Et tiens cela fort inégal,
Car j'enrage et me désespère
De me voir seul et sans rival.

Je sais bien qu'elle est fort poupine,
Mais c'est trop peu pour la cuisine;
Et puis, pour un homme indigent,

Ninon, vous me contez fleurette :
Si vous me comptiez (1) de l'argent,
Je tiendrois votre affaire faite.

(1) Compter et conter s'écrivoient assez généralement alors de la même manière, et Saint-Marc a conservé ici cette orthographe : nous avons cru devoir en user autrement.

ÉPIGRAMME

Contre Ninon.

Il ne faut pas qu'on s'étonne
Si souvent elle raisonne
De la sublime vertu
Dont Platon fut revêtu ;
Car, à bien compter son âge,
Elle peut avoir vécu
Avec ce grand personnage (1).

(1) Cette pièce est un peu moins chaste dans le *Cabinet satyrique*. (S.–Marc.)

LETTRE

Ecrite de La Bourdaisière, où Mme de Pelissari l'avoit amené de Vérot, et où il avoit quitté Mme de Valentiné, à laquelle il adresse cette Lettre.

adame, qu'il m'a coûté cher
Cet adieu sur le bord du Cher,
Dont l'indifférente manière
Ne me put lors jamais cacher
Combien j'avois à me fâcher
Contre ma bonté coutumière,
Qui me fait toujours relâcher
Si vite à la moindre prière !
L'heure que, trop aimable et fière,
Je vous vis brusquement marcher
Et passer, sans moi, la rivière,
Devoit bien être ma dernière.
Si j'ai su me le reprocher,
J'en prends à témoin la lumière
De l'astre qui me vit coucher
Et passer la nuit tout entière,
Sans pouvoir jamais attacher
Sur mes yeux mouillés ma paupière.
Non, ce n'a point été le bruit
De cent et cent tailleurs de pierre,
Ni l'abbé, dont le nez au lit
Gronde plus qu'au ciel le tonnerre;

Bien moins encor tout ce qu'on dit
De Brandebourg, qui vient grand'erre,
Ni du Suédois, qui le suit,
Qui m'a tourmenté cette nuit,
Et fait bien plus mortelle guerre
Qu'ils ne feront, et qu'on ne fit
Jamais ni sur mer ni sur terre.

Ah, nuit de tristesse et d'ennui!
Croirai-je que cet aujourd'hui
Ne me soit pas encore pire,
Et que je n'aie point ce soir
Cette horrible réponse à lire?
Pourquoi donc tout ce désespoir,
Seigneur Chapelle, ou bien beau sire?
Vous avez fait votre devoir;
Personne n'y trouve à redire.

Si cela m'arrive, en ce cas
Que faire, malheureux? Hélas!
Quel secours, quel autre remède
Pourrai-je appeler à mon aide,
Qu'un soudain et fameux trépas?
Desespéré, n'irai-je pas,
Sur-le-champ et d'un même pas,
Chercher quelque affreux promontoire,
Et de son plus fier haut-en-bas
Me précipiter dans la Loire,
Pour me sauver entre ses bras?

Sur une roche âpre et sauvage
Ici près un saint hermitage

M'en offre un, propre à mon désir.
Le plus déterminé courage
Ne peut, sans d'horreur se saisir,
Regarder le plus bas étage.
La Loire, le vent et l'orage
L'ont vu, depuis le premier âge,
De mousse et d'écume moisir,
Plutôt que céder à leur rage.
A tout désespéré bien sage
Il semblera fait à plaisir,
Et son nom d'un heureux présage
S'accorde à mon fervent désir
D'obtenir des flots l'avantage
D'être poussé juste au rivage
Que vous avez daigné choisir
Pour y recevoir leur hommage.

Mais, comme ce fleuve abandonne
(Et, qui pis est, surtout l'automne)
Les plus beaux et charmants endroits,
J'ai, ma foi, peur, et je soupçonne
Qu'un quiproquo, dont je frissonne,
Pourroit bien, sans ordre et sans choix,
Contre le droit, contre les lois,
Qu'en pareil cas l'amour ordonne,
Exposer mes os nus et froids
Quelque part aux Sables d'Olonne,
Plus loin même, au bord iroquois;
Où, pour une seconde fois,
Manquant votre aimable présence,
Je me redésespérerois.
Votre Loire est un peu brouillonne ;

Et, franchement, je ne saurois
L'espérer si sûre et si bonne
Que la mer le fut autrefois
Pour Céix envers Alcione.

Craignant donc la rive inconnue,
Il me vaut mieux prendre un bateau,
Et, plutôt dessus que sous l'eau,
Gagner la charmante avenue
Qui mène au superbe château,
Dont sur un riche et doux coteau
Cent tours blanchissent dans la nue.
Là, sitôt que j'aurai lié
Ma gribanne (1) au plus prochain havre,
Me traînant doucement à pié,
J'irai vous faire autant pitié
Et pas si peur que mon cadavre.

(1) La *gribanne* est un petit bâtiment de mer portant depuis trente jusqu'à soixante tonneaux, et garni d'un mât avec son hunier, d'une misaine et d'un beaupré. (*S.-Marc.*)

STANCES

Sur une Eclipse de Soleil.

uel moyen de s'en dispenser ?
J'allois tout de bon commencer
A vous composer sur l'éclipse
Un livre plus gros et plus long
Qu'un des tomes de Juste-Lipse,
Tout rempli d'un savoir profond,
En beau style d'Apocalypse,

Quand Pallas, la sage pucelle,
Qui m'aime de bonne amitié,
S'apparut à moi toute telle
Qu'elle est au ciel dans sa ruelle
Sur l'estrade et tapis de pié.
Eh quoi, pauvre innocent! dit-elle,
Vraiment tu me fais grand'pitié
D'aller perdre ainsi la cervelle,
Rêvant à cette bagatelle
Plus qu'il ne faut de la moitié.

Surprise des impertinences
Que l'on débite en ce bas lieu,
J'y viens faire des remontrances
A ces fous qui, sans connoissances,
Raisonnant comme il plaît à Dieu,

Gâtent mes plus belles sciences;
Et, pour l'éclipse à quoi tu penses,
Je te vais faire voir en peu
Que ces forgeurs d'extravagances
Tirent cent fausses conséquences
D'une chose qui n'est qu'un jeu.

Sache que ce jour-là mon père
Fit à déjeuner si grand' chère,
Et trouva si bon le nectar,
Que Môme, le dieu des Sornettes,
Le voyant être un peu gaillard
Et dans ses humeurs de goguettes,
Lui proposa que les planètes
Jouassent à Colin-Maillard.

« A Colin-Maillard ! dit le maître
Du char brillant et lumineux.
Si, par malheur, je l'allois être,
Tous les hommes sont si peureux
Qu'ils se croiroient morts quand mes feux
Commenceroient à disparoître.
Chacun fermeroit sa fenêtre,
Et Morin, le plus fou d'entre eux,
En prédiroit quelque bicêtre (1) ».

« Quoi ! tu veux conclure par là,
Répond le grand dieu qui foudroie,

---

(1) Jean-Baptiste Morin, professeur royal en philosophie et célèbre mathématicien, fort entêté de l'astrologie judiciaire. (*S.-Marc.*)

Qu'un fat pourra troubler ma joie?
Que m'importe s'il en fera
Des contes de ma mère l'Oie?
Je jure Styx, dont l'eau tournoie
Dans le pays de Tartara,
Qu'à Colin-Maillard on jouera.
Sus, qu'on tire au sort, et qu'on voie
Qui de vous autres le sera ».

Le bon Soleil l'avoit bien dit :
Il le fut, selon son présage.
Toute la compagnie en rit ;
Et, sans différer davantage,
Aussitôt la Lune s'offrit
A lui bien couvrir le visage ;
Ce que volontiers on souffrit,
Attendu l'étroit parentage.

Le reste, vous l'avez pu voir.
Chacun put lors s'apercevoir
Que l'on ne voyoit presque goutte ;
Et, sans la Lune, qui sans doute
Ne fit pas trop bien son devoir,
Le Soleil faisoit banqueroute,
Le matin devenoit le soir ;
Vous étiez tous au désespoir,
Croyant la nature en déroute ;
Et pas un n'eût pu concevoir
Que nous autres là-haut, sur la céleste voûte,
Ne faisions que crier : Gare le pot au noir.

LETTRE

A Messieurs de Nantouillet et de Sercelles.

A vous, les deux que je chéris
De l'amitié dont Toxaris
Veut qu'on s'aime, en son dialogue (1);
A vous, non à d'autres, j'écris;
Et sache quiconque à mépris
Tient qu'on l'exclue, et m'épilogue,
Qu'en vos deux grands noms sont compris
Tous ceux qu'en son premier prologue
Maître François (2) a si bien mis.

Or je vous écris pour vous dire,
Après un humble grand merci
D'avoir bien voulu nous écrire,
Que nous ne faisons rien ici
Que dormir, manger, boire et rire,
Bien disputer, mieux contredire,
Jouer gros argent, et qu'ainsi,

---

(1) Le dialogue de Lucien intitulé *Toxaris* traite de l'amitié. (*S.—Marc.*)
(2) Rabelais.

Sans à vos procès en rien nuire,
Que votre substitut Plessi
N'a garde de laisser détruire,
Vous devez, sans mais et sans si,
Nous rejoindre au plus tôt, gros sire.
Surtout n'ayez aucun souci
De n'y trouver pas de quoi frire.
Vous verrez cuisine reluire
Et briller office farci
De cent bouteilles de Tessi,
Et de tout ce qu'a su produire
Provence, et de meilleur élire
Pour régaler un prince (1), si
Capable de la bien conduire.
L'huile, entre autres, a réussi
Si bien, qu'on s'en sert à tout cuire.
Croyez-nous bien fournis aussi
Des mets de ce bon pays-ci,
Et de tout ce que Rouen tire
Du chaud climat et du transi.

Et vous, cartésiens fameux,
Sur ce comète tant affreux,
Montrez-nous ce qu'eût fait Descartes,
De peur que son choc désastreux
Ne mît tout notre monde en deux,
N'eût-il point eu les fièvres quartes ?
Qu'en pense le monde peureux ?
Est-ce aux buveurs, vuideurs de quartes,

---

(1) Le duc de Vendôme. Cette lettre est écrite d'Anet.

Aux nez rouges et lumineux,
Ou plutôt aux beaux doucereux
Bien perruqués, mangeurs de tartes,
Qu'en veut cet astre aux longs cheveux?
Qu'en dit Morin, le songe-creux ?
L'envoye-t-il brouiller les cartes
Chez les Sarmates? Est-ce entre eux
Et les fiers descendants des Parthes
Qu'il doit laisser tomber ses feux?

Moi, qui sais qu'il ne mord ni rue,
Non plus que fortune ou destin,
Je ne vous en parle qu'afin
De mieux savoir de vous l'issue
Du dîner où, sans retenue,
Picard (1) vous aura dans le vin
Dit la vérité toute nue.
Contez-nous donc votre festin
Si du Parnasse astronomin
La troupe en parut fort émue.
Le grand Huygens et Cassin (2)
Ont-ils sué soir et matin
A luneter, malgré la nue,
Dans tout l'Olympe cristallin?
Sa hauteur au juste ont-ils vue?
Ont-ils pu, depuis sa venue,
Suivre sa marche et son chemin?
Vous aurez vu l'ami Turlin,
Que de bien bon cœur je salue.

(1) Astronome célèbre.
(2) Cassini.

172   OEUVRES DIVERSES.

Pour le voir, le bon Rondelin (1),
Point n'est besoin de longue vue.
Si l'avez vu, lui qui n'est grue
Ni télescopier (2) grimelin,
Vous en aura dit tout le fin.
Mais adieu : trop rimer me tue.

(1) Nom burlesque et forgé, pour signifier un homme fort gros. (*S.-Marc.*)
(2) Autre mot forgé, pour dire qui se sert de télescope, de lunettes de longue vue. (*S.-Marc.*)

STANCES

Contre l'usage des rideaux (1).

 ura des rideaux qui voudra :
Je n'en veux avoir de ma vie ;
Mais, puisque tout mon quartier a
Si grand désir et tant d'envie
D'ouir mes raisons, les voilà.

Et quant à mes belles voisines (2),
Je leur dirai premièrement
Qu'au lit le divertissement
Qui se donne entre des courtines
Tient un peu trop du sacrement.

L'aise et les apprêts n'y font rien.
Ce plaisir, pour le prendre bien
Et de la plus belle manière,
Demande un lit comme le mien,
Tout à fait à la cavalière,

(1) On donne cette pièce sur une copie manuscrite trouvée dans les portefeuilles de madame la duchesse de Bouillon. (*S.-Marc.*)

(2) On lit dans d'autres recueils :

Et commençant par mes voisines.

C'est là qu'une femme étendue
Se laisse bien voir à mon gré ;
C'est là qu'un rideau trop tiré
Ne dérobe rien à la vue
De l'objet qu'on a désiré.

Enfin, c'est là que les secousses
Du dieu d'amour sont vraiment douces ;
C'est là qu'on.... en son vrai sens.
Ce que l'on fait entre des housses,
S'appelle faire des enfants.

Pour vous, Messieurs les beaux esprits,
Je veux bien vous apprendre encore,
Quoique vous ayez tout appris,
Que, les Muses aimant l'aurore,
Les rideaux sont leurs ennemis (1).

En effet, la troupe immortelle
Des neufs sœurs, et même Clio (2),
Sur leur mont à croupe jumelle
Dorment à l'air, ce qui s'appelle,
En leur langue, être *sub dio*.

(1) Cette stance est ainsi ailleurs :

> Pour vous, Messieurs les beaux esprits,
> Je vous dirai de plus encore
> Que jamais savant n'en a mis ;
> Car les Muses aiment l'aurore ;
> Les rideaux sont ses ennemis.

(2) Variante :

> Des neuf sœurs, témoin ma Clio.

Aussi, pour suivre cette mode,
Jamais auteur n'eut tour de lit;
Et, qui plus est, jamais ne mit
Dans le froid le plus incommode
Qu'un laurier pour bonnet de nuit.

Surtout j'admire, entre les dieux,
Que ceux d'eau, même des rivières,
De qui les lits sont en des lieux
Où les rideaux viendroient des mieux,
N'en ayent pourtant jamais guères.

Car, hormis les petits ruisseaux,
Qui couvrent leurs lits d'arbrisseaux,
Les grands fleuves, comme la Loire,
Le Rhin et la Seine, font gloire
De n'avoir point de tels rideaux.

Et pour le Nil, un chacun sait
Qu'il n'a pas même de chevet.
Au moins jusqu'ici, quelque enquête
Qu'on ait su faire de sa tête,
On ne sait où ce dieu la met.

ÉPIGRAMME A PHILIS

Le jour de l'An.

Belle Philis, pour mes étrennes
Ne me donnez rien dans les aines.

ODE

Sur l'Hiver.

La campagne a changé de face;
La neige couvre les guérets,
Et les arbres de nos forêts
Tremblent sous sa pesante masse.
Les peuples des fleuves glacés
Dans le cristal sont enchâssés;
Et, parmi la terre déserte,
Les animaux sans mouvement,
Après la faim qu'ils ont soufferte,
Se refont un nouveau tourment,
Et, tristes, regrettent la perte
Des jours de l'automne charmant.

Si parfois le soleil se montre
Et nous paroît étinceler,
Ses rayons d'or semblent geler
Ce qui sous leurs feux se rencontre.
Tout l'air se distille en glaçons,
Et, jusqu'au coin de nos tisons,
Il répand une âpre froidure;
Les plantes en sont à mourir;
Et, si l'agréable verdure

Ne vient bientôt les secourir,
On craint que toute la nature
Ne soit sur le point de périr.

Pour adoucir un peu la peine
Où nous tient ce temps rigoureux,
Nous buvons d'un vin savoureux
Soir et matin à tasse pleine.
Les repas sont fournis de mets
Meilleurs qu'on n'en servit jamais
Aux tables les plus délicates.
On garnit les appartements
De doubles châssis et de nattes;
Et, les grands foyers s'allumants,
On sacrifie aux dieux pénates
Des victimes à tous moments.

RONDEAU

De l'abbé de Chaulieu

a Chapelle

Au nom de Monsieur de Jussac.

En jugement vous remportez le prix ;
Chacun vous cède, et les meilleurs esprits
Auprès de vous semblent baisser la lance
Et se sauver dans un profond silence,
Tant de vos dits ils se trouvent surpris.

Ce que nature ici bas a compris,
Ce qu'elle enserre au céleste pourpris,
Vous est connu par le don d'excellence
     En jugement.

D'un long savoir votre génie épris
Aux plus savants a doctement appris
A réveiller les beaux-arts d'indolence ;
Et donne à tous si juste la balance,
Qu'on ne sera d'aucun censeur repris
     En jugement.

RONDEAU
A Monsieur de Jussac

En réponse au précédent.

Juste Jussac, plus dévot qu'un bon prêtre ;
Plus ennemi du méchant et du traître
Que le prévôt qui les met en prison ;
Toi qui du pauvre as, sans comparaison,
Plus soin que ceux qui nous peuplent Bicêtre,

Point n'est besoin à ton cœur de fenêtre
Pour le juger et pleinement connoître
En toute chose et en toute saison
      Juste.

Tel cependant tu ne te fais paroître
En jugement quand tu me dis grand maître ;
Et je n'en vois aucune autre raison,
N'est que le saint chaque tour d'horizon
Pèche sept fois, et ne laisse pas d'être
      Juste.

A MONSIEUR DASSOUCY

Sur ses OEuvres mêlées.

'est à cette fois, Dieu merci,
Que vous allez l'avoir entière,
La gloire d'avoir réussi
Sur toute sorte de matière.
Vous ne sauriez manquer ainsi
D'être illustre en toute manière,
Mettant tous les jours en lumière
De nouveaux ouvrages, par qui
Sera bientôt votre libraire
De beaux écus blancs tout farci,

(1) Cette pièce est imprimée avec le titre ci-dessus à la tête des *Poésies et lettres de M. Dassoucy*, contenant diverses pièces héroïques, satyriques et burlesques. A Paris, chez Louis Chamhoudry, 1653. C'est un petit in-12 de 188 pages, dédié par l'auteur même à M. Bordier, conseiller du roi en ses conseils, intendant des finances et seigneur du Reincy. Le privilége, en date du 3 d'avril 1653, est suivi du transport que l'auteur en a fait à Jean-Baptiste Loison et Louis Chamhoudry, marchands libraires à Paris. On lit au dessous : *Achevé d'imprimer pour la première fois le 13 juillet 1653.* (*S.-Marc.*)

Et plus riche qu'un lapidaire.
Mais, à propos de riche, si
Vous me demandiez en colère :
Quand le serai-je donc aussi ?
Je vous dirois : Grand Dassoucy
(Entre amis il ne faut rien taire),
De bien n'entrez point en souci.
Quoique nos œuvres puissent plaire,
Ni vous, ni moi, n'en aurons guère :
Oui bien Loison et Chamhoudry ;
Car pour des vers, c'est chose claire,
Qu'il vaut bien mieux en ce temps-ci
Les débiter que de les faire.

INSCRIPTION

Pour le portrait du même.

On vous avertit que voici
Le portrait du grand Dassouci,
Cette merveille de notre âge.
Contemplez-le donc bien ; et si,
A peu près aux traits du visage,
Vous croyez qu'un tel personnage
Ne peut qu'avoir bien réussi,
Achetez vite son ouvrage,
Et vous verrez qu'il est ainsi (1).

(1) Deux pièces comme celle-ci et comme la précédente auraient dû suffire seules pour empêcher Chapelle de se donner le tort que, pour notre part, nous lui avons reproché dans la notice.

LETTRE

A Mademoiselle de Saint-Christophle

A votre lettre en vieux gaulois
Faire réponse est difficile ;
Tant excellez en ce patois
Comme en tout autre êtes habile.
On dit ce qu'on veut dans ce style,
Et non dans notre beau françois,
Que messieurs de l'académie
Ont tant décharné, que leurs lois
L'ont fait du françois la momie,
Et rendu plus sec mille fois
Que la Faculté, sans l'Anglois (1),
N'eût rendu par Phlébotomie
Ceux qu'elle et notre autre ennemie
La fièvre, depuis quatre mois,
Réduit tous les jours aux abois,

---

(1) Pensée dirigée par Chapelle contre la Faculté de Paris, au profit du chevalier Talbot, médecin qui, le premier, a introduit en France l'usage du quinquina, et qu'on désignait familièrement dans le monde sous le seul nom de *l'Anglois*. Voir à ce sujet plusieurs lettres de Mme de Sévigné.

Dont face encor blême ou blêmie
Je porte, et porter bien pourrois
Jusqu'à ce que les premiers froids
M'ayent la santé raffermie.

Si pourtant vous faut-il un mot,
Illustre et rare demoiselle;
Et pour suivre votre querelle
Et très chevaleureux complot
Contre notre langue nouvelle,
Que tient toujours sous le rabot
Une précieuse sequelle,
Vous faire en termes de Marot
Une réponse telle quelle

Et par qui vous puissiez savoir
Que votre épître incomparable
Ne vint point, par malheur, le soir,
Heure pour nous plus convenable
Et plus propre à la recevoir
Qu'à dîner, mets portés sur table;
Puisque, dans l'ardeur de la voir,
On la lut sans s'apercevoir
Que tout devenoit immangeable,
Soupe froide et rôt sec et noir.

Or si pleinement admirée
Et par chacun remémorée
Elle fut pendant le repas,
Vous en devez être assurée
Par un oubli des meilleurs plats,
Et par du repas la durée

Si courte, qu'on n'attendit pas
Les friands mets de la contrée,
Que vous savez être muscats
Et tant d'autres fruits délicats.

Sitôt donc qu'on eut desservi,
Sans partir de la même salle,
Sur table papier on étale ;
Puis, le premier avis suivi
Que la pièce étoit sans égale,
Un chacun de nous à l'envi
La lit à part, et s'en régale
Et s'en déclare si ravi,

Que tout d'abord, et la première
Madame de la Bourdaisière,
Dont le corps gent est possesseur
De grâce, et l'esprit de lumière,
A tel point, qu'elle est singulière
A gagner d'un chacun le cœur ;
Son aimable et charmante sœur,
Qui, ma foi, ne lui cède guère ;
Sa douce et brillante héritière,
Dont l'air vif aide la douceur ;

Monsieur de la Pavillonière (1)
Et monsieur de la Rivaudière,
Qui ne mettront pas bien du leur
Si pour rimer leur nom prend *ière* ;
Le gentil et savant Molière,

(1) Etienne Pavillon, de l'Académie française.

Et moi, chétif rapetasseur
De cette épître familière,
Conclûmes tous en cour plénière
Que je pouvois, sans nulle peur
De passer, pour un encenseur,
Vous dire, dans la foi première
Et comme on parle au confesseur,
Que votre lettre est de manière
A pouvoir, malgré tout censeur,
Parcourir notre France entière,
Depuis la picarde frontière
Et des conquêtes la dernière
Jusqu'aux monts du peuple danseur (1).

Plus au long je pourrois m'étendre
Sur la chère que nous faisons
Dans cette reine des maisons,
Bien moins à vendre qu'à dépendre ;
Mais par mille bonnes raisons,
Que vous pouvez fort bien entendre,
Prudemment nous nous en taisons.
Puis, je suis contraint de me rendre
A la fièvre, qui me va prendre
Et m'envoyer à mes tisons.

(1) Le peuple danseur, c'est-à-dire les Basques.
(S.-Marc.)

COUPLET A DESPRÉAUX

*Après avoir entendu la chanson faite à Baville,
qui commence par ce vers :*

Que Baville me semble aimable.

u'avecque plaisir du haut style
Je te vois descendre au quatrain !
Bon Dieu ! que j'épargnai de bile
Et d'injures au genre humain,
Quand, renversant ta cruche à l'huile,
Je te mis le verre à la main.

LETTRE

A Dom Julien-Gatien de Morillon

Religieux bénédictin de la congrégation de Saint-Maur
et Procureur de Saint-Benoit-sur-Loire (1).

Ce ne sera ni casse ni cannelle
   Qui guérira ton pauvre ami Chapelle,
   Et lui rendra son premier vermillon,
   Son embonpoint et vigueur naturelle ;
Mais ton esprit, cher Père Morillon,
Plus prompt et vif que de l'émérillon
N'est par les airs le vol à tire d'aile,
Lui seul me sert à présent d'aiguillon.
Pour t'envoyer ce faible échantillon
Du noble feu qui dans toi renouvelle,
Et dont en moi cette fièvre mortelle

---

(1) Auteur de *Joseph ou l'Esclave fidèle*, *Turin* (Tours), 1679, le seul des ouvrages du père Morillon un peu recherché aujourd'hui, surtout cette première édition, qui a été retirée tout entière du commerce, quelques passages ayant paru beaucoup trop vifs aux bénédictins, notamment la déclaration de la femme de Putiphar.

Et ses frissons à double carillon
Ne laissent plus luire aucune étincelle.

Que si, plutôt qu'aller sur les noirs bords,
Au lieu du jaune et pâle teint des morts,
Il me revient jamais couleur vermeille,
A tout ce que mon esprit me conseille
Ne ferai faute, et me verras pour lors,
Toujours dehait et de tous bons accords,
Te suivre en tout d'une ardeur nompareille.
Puis quand m'auras, par m'ouvrir les trésors
De ton Joseph, cette rare merveille,
Tout enchanté, tant l'âme que l'oreille,
Nous pourrons bien, pour avoir soin du corps
Et tout venin au mieux chasser dehors,
Boire avec toi mainte bonne bouteille,
Et de cela trop bien serai recors.

Peux-tu jamais avec tant d'apparence
Te relâcher de la persévérance
Qui tout entier te livre à tant d'emplois
Qu'en cette grande et fameuse occurrence ?
Quand nous aurons, pour une bonne fois,
Au ciel marqué notre reconnoissance
Par le concert de l'orgue et de nos voix,
Et témoigné notre réjouissance
D'avoir enfin la charmante présence
D'un prince (1) dont les équitables lois
Rendront ces lieux pleins d'aise et d'abondance,
Pourrons-nous pas avecque bienséance

(1) Le duc de Vendôme.

Dans ton office et tes celliers benoîts
En tout honneur descendre deux ou trois,
Non pour savoir s'ils sont bien pleins de bois :
Point ne doutons de votre prévoyance
Contre l'hiver, la neige et les grands froids ;
Mais pour des muids admirer l'ordonnance ;
Et là, mettant sur notre conscience
Broc de vin blanc qu'on boit au premier mois,
Examiner, sans nulle préférence,
Si Saint-Martin peut approcher d'Arbois ?

RONDEAU

Sur l'Abbé de Chaulieu.

e maître abbé vantons le savoir-faire;
Doux entregent, subtil esprit de plaire;
Cœur libre et franc, sans replis, sans
                          [détours;
Esprit orné de maints riches atours,
Sachant à point ce qu'il faut dire ou taire.

Nul mieux ne sait pénétrer un mystère;
Et coupe-choux, frères du monastère,
Voyent de lui quelques coups tous les jours
        De maître abbé.

Point ne lui chaut des plaisirs du vulgaire,
Et si pourtant aime la bonne chère.
Il ne voudroit s'entortiller d'amours;
Mais, pour marcher par les plus fins détours,
C'est là l'emploi, c'est là l'unique affaire
        De maître abbé.

FRAGMENTS
D'une Ode faite a Rome.

. . . .

Authentiques coquins, lâches petits bour-
 [geois,
Enfants injurieux à ces grands person_
 [nages
Si savants dans la guerre et dans la paix si sages;
Vous, neveux bien souvent et bâtards quelquefois
D'un cuistre ou d'un pédant, qu'une épargne de
Aura mis en état de corrompre des voix. [gages

. . . .

Quoi! les processions de ces traîne-sandales
Sont-elles à vos yeux des pompes triomphales,
Pour recevoir ainsi des marauts à bourdon
Sous ces arcs triomphaux et dans ces mêmes portes
Par où rentroient jadis les guerrières cohortes
Qui ramenoient cent rois vous demander pardon?

PARODIE

D'un Air de Lulli

Au sujet d'une visite que quelques poètes avoient été rendre
au grand Condé, retiré pour lors à Chantilly.

Que fait à Chantilly Condé, ce grand héros
    Et le plus bel esprit de la nature?
Il admire les vers de trois ou quatre sots,
    Et c'est de quoi Chapelle ici murmure.
Se peut-il qu'aujourd'hui ce prince si parfait
    N'ait plus qu'un Martinet (1)
      Pour son Voiture.

(1) Auteur de quelques vers jugés par Chapelle assez inférieurs à ceux de *Voiture* pour qu'il ait cru pouvoir établir une pareille opposition entre les deux noms.

LETTRE A***.

pprenez, célèbres rimeurs,
Que Dangeau, l'honneur de sa race
Et que Phébus sur le Parnasse
A toujours comblé de faveurs,
Donnant à lui seul et par grâce
Les confitures des neuf sœurs;
Ne sait plus à présent que dire
A celle que dom Gargouillau,
D'un style si fin et si beau,
Du vieux Anet lui vient d'écrire,
Et jure que de son cerveau
Sortiroit bien plutôt satyre,
Ode, sonnet, même un bateau
Pour une nouvelle Isabeau
Qu'une réponse à ce beau sire.

C'est ainsi que ce grand auteur,
Qui sur les tournois, et la foire
Qui tourmentoit tant Monseigneur (1),
Avoit fait des vers dont la gloire

---

(1) Le Dauphin, fils de Louis XIV. Le marquis de Dangeau étoit un de ses menins.

Le devoit un jour dans l'histoire
Faire placer avec honneur,
Confondu, cède la victoire
A maître abbé le Babilleur (1).

Ce n'est pas la seule nouvelle
Dont on parle à la Cour. Je croi
Que j'en vais conter une telle,
Que de cent lustres, selon moi,
Il n'en paroîtra de plus belle.

C'est Riflandouille, messeigneurs,
Qui, depuis sa plus tendre enfance,
Par la noblesse de ses mœurs
Avoit emporté la balance
Sur les plus insignes buveurs;

C'est lui, dis-je, qui pour Cythère
Déclare la guerre à Bacchus,
S'arrache à son cher Batillus,
Et veut qu'au lieu de vin et bière,
La fleur d'orange dans son verre
Empêche qu'on ne doute plus
De ses feux et de sa misère.

Enfin tout soupire en ces lieux,
Moi-même, mais c'est de l'absence
Qui pour plus de trois mois, je pense,
M'oblige à faire mes adieux

(1) Apparemment l'abbé de Chaulieu, qui doit être ici le même que dom Gargouillau. (*S.-Marc.*)

A tout ce que jamais les Dieux
Ont fait de plus bouffon en France
Et pour moi de plus précieux.

Envoi.

Quelque mauvais que soit ceci,
J'en prétends gloire ou vitupère,
Et c'est bien pis que de le faire
Que d'oser s'en vanter ainsi.

EXTRAIT

<small>D'une Lettre écrite de la campagne à M. de Molière.</small>

Je n'ai encore vu chez lui qu'un ou deux gentilshommes fort aisés et fort honnêtes gens ; néanmoins, comme il ne faut jurer de rien, s'il faut que les autres ne leur ressemblent pas, et que dans la suite quelqu'un de ces messieurs s'avise de nous venir faire ce beau compliment ordinaire, et d'être,

>   Pour mon malheur, aussi courtois
>   Que ceux de tant d'autres endroits,
>   Que pensez-vous que je devienne,
>   S'il faut que pendant plus d'un mois
>   Soir et matin j'en entretienne
>   Tout au moins deux, fort souvent trois,
>   De tout ce qu'on fait en Guienne
>   Pour l'alliance des deux rois?

Au reste, il nous est impossible de manger sur le lieu ni de vous envoyer du gibier, à cause du mauvais temps, et que nos meilleurs oiseaux ne sont pas encore en état de voler. Nous n'avons pour tout vaillant qu'un tiercelet de faucon, qui n'approche point du tout de la bonté des autres, et qui de plus a mué;

> Mais comme il ne fait rien qui vaille
> Et qu'il pleut ici tous les jours,
> Nous ne voyons perdrix ni caille,
> Et ne pouvons avoir recours,
> Pour notre ordinaire mangeaille,
> Qu'aux pigeons et qu'à la volaille
> Que fournissent nos basses-cours.

Cependant mon cher hôte, à qui j'avois demandé quelque chose pour vous régaler, et qui le souhaite encore plus que moi,

> Voyant cette étrange indigence
> De cailles, guignards et perdrix,
> Vous veut donner en récompense
> Un pâté, bon par excellence,
> Fait de deux lapins, tous deux pris
> Dans le meilleur endroit de France,
> Comme en pâte aussi tous deux mis
> Par un pâtissier d'importance.
> Goûtez-le bien, et je vous dis
> Qu'il est pâté de conséquence,
> Qui, bien que bis en apparence,
> N'en vaut assurément pas pis :
> Car, outre que la prévoyance
> Pour envoyer en assurance

Un pâté jusques à Paris,
Par une longue expérience,
Veut qu'il tire un peu sur le gris,
C'est, cher ami, qu'en conscience
Nos Chartrains emportent le prix
Pour savoir pâtisser en bis (1).

(1) Le fragment qu'on vient de lire, ainsi que la lettre qui le suit, ont toujours appelé mon attention et mes réflexions particulières. Comment se fait-il que Chapelle, un des hommes le plus *sans façons* de son temps, qui tutoyait librement Despréaux et tant d'autres, dise *vous* à son ancien condisciple Molière, et aille même une fois jusqu'à s'écrier : Grand homme! avec un élan de conviction qui se fait aisément sentir? Serait-ce qu'en raison du genre de talent de Chapelle, le génie de Molière exerçât sur lui un ascendant plus marqué, plus irrésistible que celui de ses autres amis? Quoi qu'il en soit, ces deux morceaux, en tant que lien sympathique et comme élément de l'existence morale et littéraire de Chapelle, sont assurément une des circonstances qui le grandissent et qui l'honorent le plus.

LETTRE

Au Même.

Votre lettre m'a touché très sensiblement, et dans l'impossibilité d'aller à Paris de cinq ou six jours, je vous souhaite de tout mon cœur en repos et dans ce pays. J'y contribuerois de tout mon possible à faire passer votre chagrin, et je vous ferois assurément connoître que vous avez en moi une personne qui tâchera toujours à le dissiper, ou pour le moins à le partager. Ce qui fait que je vous souhaite encore davantage ici, c'est que dans cette douce révolution de l'année, après le plus terrible hiver que la France ait depuis long-temps senti, les beaux jours se goûtent mieux que jamais, et sont tout autrement beaux à la campagne qu'à la ville, où, quand vous les avez, il vous manque toujours des endroits pour en prendre tout le plaisir. Je me promène depuis le matin jusqu'au soir avec tant de satisfaction et de contentement d'esprit que je ne saurois croire m'en pouvoir lasser. En vérité, mon très cher ami, sans vous je ne songerois guère à Paris de long-temps, et je ne pourrois me résoudre à la retraite que lorsque le soleil fera la sienne. Toutes les beautés de la campagne ne vont faire que croître et embellir, surtout celles du vert, qui nous donnera des feuilles au premier jour et que nous commençons à trouver à redire depuis que le chaud se fait sentir. Ce ne sera pas néanmoins encore sitôt, et pour ce voyage il faudra se contenter de celui qui tapisse la terre, et qui, pour vous le dire un peu plus noblement,

> Jeune et foible, rampe par bas
> Dans le fond des prés, et n'a pas
> Encor la vigueur et la force
> De pénétrer la tendre écorce
> Du saule qui lui tend les bras.
> La branche, amoureuse et fleurie,
> Pleurant pour ses naissants appas,
> Toute en sève et larmes, l'en prie,
> Et, jalouse de la prairie,
> Dans cinq ou six jours se promet
> De l'attirer à son sommet.

Vous montrerez ces beaux vers à mademoiselle Menou seulement; aussi bien sont-ils la figure d'elle et de vous. Pour les autres, vous verrez bien qu'il est à propos surtout que vos femmes ne les voient pas, et pour ce qu'ils contiennent, et parcequ'ils sont, aussi bien que les premiers, tous des plus méchants. Je les ai faits pour répondre à cet endroit de votre lettre où vous particularisez le déplaisir que vous donnent les partialités de vos trois grandes actrices pour la distribution de vos rôles. Il faut être à Paris pour en résoudre ensemble, et, tâchant de faire réussir l'application de vos rôles à leur caractère, remédier à ce démêlé qui vous donne tant de peine. En vérité, grand homme, vous avez besoin de toute votre tête en conduisant les leurs, et je vous compare à Jupiter pendant la guerre de Troie. La comparaison n'est pas odieuse, et la fantaisie me prit de la suivre quand elle me vint. Qu'il vous souvienne donc de l'embarras où ce maître des dieux se trouva pendant cette guerre sur les différents intérêts de la troupe céleste, pour réduire les trois déesses à ses volontés.

  Si nous en voulons croire Homère,
  Ce fut la plus terrible affaire
  Qu'eut jamais le grand Jupiter.
  Pour mettre fin à cette guerre,
  Il fut obligé de quitter
  Le soin du reste de la Terre.

  Car Pallas, bien que la déesse
  Du bon sens et de la sagesse,
  Courant partout le guilledou
  Avec son casque et son hibou,
  Passa pour folle dans la Grèce;
  Et lui, qui l'aime avec tendresse,
  Pensa devenir aussi fou.

  Sa Junon, la grave matrone,
  Sa compagne au céleste trône,
  Devint une dame Alison

En faveur de Lacédémone ;
Jurant que le bon roi grison (1)
En auroit tout du long de l'aune,
Et que tous ceux de sa maison
En seroient un jour à l'aumône.

Mais de l'autre côté Cypris
Donna congé pour lors aux ris,
Aux jeux, aux plaisirs, à la joie,
Et, prenant l'intérêt de Troie,
S'arma pour défendre Pâris.

Le bonhomme aussi Neptunus,
Gagné par sa nièce Vénus,
Et Phébus, l'archer infaillible,
Devant qui le fils de Thétis
Ne se trouva pas invincible,
Firent tous deux tout leur possible
Pour les murs qu'ils avoient bâtis.

Voilà l'histoire. Que t'en semble ?
Crois-tu pas qu'un homme avisé
Voit par là qu'il n'est pas aisé
D'accorder trois femmes ensemble.

Fais-en donc ton profit ; surtout,
Tiens-toi neutre, et, tout plein d'Homère,
Dis-toi bien qu'en vain l'homme espère
Pouvoir jamais venir à bout
De ce qu'un grand Dieu n'a su faire.

(1) Priam.

RONDEAU

Sur les Métamorphoses d'Ovide

Mises en rondeaux par Benserade.

 la fontaine où l'on puise cette eau
    Qui fait rimer et Racine et Boileau
    Je ne bois point ou bien je ne bois guère.
    Dans un besoin si j'en avois affaire,
J'en boirois moins que ne fait un moineau.

Je tirerai pourtant de mon cerveau
Plus aisément, s'il le faut, un rondeau,
Que je n'avale un plein verre d'eau claire
        A la fontaine.

De ces rondeaux un livre tout nouveau
A bien des gens n'a pas eu l'heur de plaire;
Mais quant à moi, j'en trouve tout fort beau,
Papier, dorure, images, caractère,
Hormis les vers, qu'il falloit laisser faire
        A La Fontaine (1).

(1) Voici ce qu'on lit dans le *Ménagiana*, t. 2, p. 375, au sujet de cette petite pièce : « Dans le temps qu'on faisoit les présents des *Métamorphoses d'Ovide* en

LETTRE

A Monsieur le Marquis de Jonzac.

her marquis, les vers qu'au beau Maine
De l'agréable Pivangou
Fait couler ton heureuse veine,
Vertu, non de Dieu, mais de chou,
Ne sont pas vers à la douzaine.
Quiconque rime ainsi sans peine,
Après avoir bu comme un trou,
Doit avoir au moins pour marraine

rondeaux, nouvellement imprimées au Louvre, M. de Benserade, qui en est l'auteur, en envoya un exemplaire très bien relié à un de ses amis, avec une lettre où il le prioit de lui en écrire son sentiment. Cet ami lui envoya quelques jours après ce rondeau (le rondeau suit). » Après quoi M. de La Monnoie ajoute : Ce rondeau, qu'on attribue à Chapelle, est irrégulier; il n'est pas clos et ouvert, et les rimes n'y sont pas dans leur ordre au troisième couplet; mais le sens des vers y est d'une grande finesse. Tout ce qu'on pourroit dire, c'est que la maîtresse pensée en paroît empruntée du *Roman bourgeois* de Furetière, p. 14 : « Cela
» seroit bien aussi nécessaire que tant de figures de
» combats, de temples et de navires, qui ne servent de

Celle (1) qui causa la migraine
Dont Jupin crut devenir fou.
Mais encor te faut-il dire où
Nous avons lu l'épître tienne.
Ce fut à la Croix-de-Lorraine (2),
Lieu propre à se rompre le cou,
Tant la montée en est vilaine,
Surtout quand, entre chien et loup,
On en sort, chantant Mirdondaine.

Or là nous étions bien neuvaine
De gens valant tous peu ou prou.

» rien qu'à faire acheter plus cher les livres. Ce n'est
» pas que je veuille blâmer les images, car on diroit
» que je voudrois reprendre les plus beaux endroits de
» nos ouvrages modernes. » Quoique l'opinion commune
soit que le rondeau qu'on vient de lire est de Chapelle,
on lui donne pourtant un autre auteur dans le livre
intitulé : *La vie de Pierre du Bose*, ministre du Saint
Evangile, enrichie de lettres, harangues, dissertations
et autres pièces importantes qui regardent ou la théo-
logie ou les affaires des Eglises réformées de France,
dont il avoit été long-temps chargé. Roterdam, Leers,
1694, in-8°. A la page 577 commence un recueil de
vers grecs, latins et françois, composés par M. du
Bose en diverses occasions, avec quelques autres faits
à sa louange. Notre rondeau termine ce recueil, sans
que l'éditeur donne aucune preuve qu'il soit du sieur
du Bose, dont les vers sont bien éloignés d'avoir la
finesse et la légèreté de ce petit ouvrage. (*S.-Marc.*)

(1) Pallas.
(2) Enseigne d'un célèbre traiteur où Chapelle et
plusieurs de ses amis s'assembloient.

J'entends, pour expliquer mon *ou*,
Moi valant peu, car la huitaine
Valoit assurément beaucoup.

Mais aurois-tu pour agréable,
Toi qui sais ce que nous valons,
Que je t'apprisse aussi les noms
Et les rangs que tenoient à table
Ces neuf modernes Epulons?

L'illustre chevalier *Qu'Importe*
Etoit vis-à-vis de la porte,
Joignant le comte de Lignon,
Homme à ne jamais dire non,
Quelque rouge bord qu'on lui porte.

Après lui, l'abbé du Broussin,
En chemise montrant son sein,
Remplissoit dignement sa place,
Et prenoit soin d'un seau de glace
Qui rafraichissoit notre vin.

Molière, que bien connoissez,
Et qui nous a si bien farcés
Messieurs les coquets et coquettes,
Le suivoit, et buvoit assez
Pour, vers le soir, être en goguettes.

Auprès de ce grand personnage
Un heureux hasard avoit mis
Du Toc, d'entre nous le plus sage,
Ravi de voir les beaux esprits,

DIVERSES.

Quitter Marais et marécage
Pour venir dans son voisinage
Boire à l'autre bout de Paris.

Quant à notre illustre et grand maître
Le très philosophe Barreaux (1)
En ce moment il fit paroître
Que les anciens ni les nouveaux
N'ont encore jamais vu naître
Homme qui sût si bien connoître
La nature des bons morceaux.

Le petit monsieur de la Mothe,
Non celui qui toujours a botte
Et d'un grand prince est précepteur (2),
Mais son frère, qui toujours trotte,
Et qui, comme il est grand trotteur,
En mille endroits par jour buvotte
De ce bon vin, et de la grotte
Etoit le célèbre inventeur.
Aussi faisoit-il le neuvième
Avecque moi, qui bien fort l'aime
Et suis son humble serviteur.

C'est là donc qu'on lut ta légende,
Que l'on trouva pleine de grande
Gentillesse et facilité.
Ensuite avec solennité

(1) Le célèbre Des Barreaux.
(2) François Le Vayer de la Mothe étoit précepteur
de Monsieur, frère unique de Louis XIV.

Toute notre bachique bande
But un grand verre à ta santé.

A cet agréable repas
Petitval ne se trouva pas.
Et sais-tu bien pourquoi ? C'est parce
Qu'il est toujours avec sa garce,
Ou que sans cesse il court après.

Pour La Planche, attendu l'absence
De tant d'ivrognes d'importance,
Il craignit fort pour le Marais,
Et jugea qu'il falloit exprès
Y demeurer pour sa défense.

Ton cousin, l'aimable Dampierre,
Qui m'a dit, s'en allant grand'erre,
Qu'il te devoit voir à Jonzac,
M'a promis, cher marquis, de mettre
Cette longue et méchante lettre
Dans sa valise ou dans son sac.

Et c'est ce qui m'a fait la faire,
Car elle ne vaut, ma foi, guère,
Et, sans mentir, je plaindrois fort
Ce qu'il coûteroit pour le port
De l'envoyer par l'ordinaire.

SONNET.

A Monsieur le Marquis de Jonzac (1).

ue dans une petite ville
Le saint père est bien obéi;
Et qu'en carême il est facile
Qu'un honnête homme y soit haï!

Le chevalier (2) eût dans sa bile
Bien juré contre Adonaï,
Et par l'âcreté de son style
Rendu Cognac bien ébahi.

Mais ce n'est pas là la manière,
Cher marquis, dont j'use pour faire
Que personne ne dise mot.

Quoique ta puissance y soit grande (3),
Il me faut faire le dévot
Pour pouvoir manger de la viande.

(1) Ce sonnet est le début d'une lettre de Chapelle au marquis de Jonzac. Il étoit suivi d'un autre sonnet de même mesure, et le reste de la lettre étoit mêlé de prose et de vers. Voilà ce qu'on en sait par tradition. Je n'ai pu recouvrer que ce que je donne. (*S.-Marc.*)

(2) Le chevalier d'Aubeterre, beau-frère du marquis de Jonzac.

(3) Dans Cognac, dont le marquis de Jonzac étoit gouverneur.

LETTRE
EN STANCES
Au Duc de Saint-Aignan.

Messieurs les chevaliers de Lorraine et de Marsan, M. le Grand-Maître, MM. les marquis de Termes, d'Effiat et de Manicant, et MM. du Boulai et Chapelle, ayant demandé à M. le duc de Saint-Aignan sa maison de La Ferté-Saint-Aignan, près Chambort, pour y faire la Saint-Hubert, ce duc, qui fait son plus grand plaisir d'obliger de bonne grâce, leur accorda aussitôt ce qu'ils souhaitoient. Ils s'y rendirent, et, pour lui en marquer leur reconnoissance, M. Chapelle lui envoya ces vers..., dans lesquels il fait partout allusion à la chasse d'un furieux sanglier que M. de Saint-Aignan tûa autrefois, et dont le portrait est dans la salle de cette maison. Il parle, sur la fin, d'un autre combat plus périlleux, lorsque ce même duc se défendit avec tant de courage et de valeur contre quatre hommes qui étoient venus l'attaquer. Cette aventure si glorieuse pour lui est sue de tous ceux qui ont un peu de commerce dans le monde.

(Extrait du *Mercure galant* de nov. 1678.)

Grand duc, en tout tout merveilleux,
Surtout pour être assez heureux
D'être, contre ta propre attente,
Sorti de cent dangers affreux;
Et non seulement de tous ceux,

Que pour le pays Mars présente,
Mais, ce que plus en toi je vante,
De mille autres exploits fameux,
Que ta grande âme, impatiente
De paix, et non jamais contente
Qu'elle n'affronte le trépas,
D'un noble feu toujours brûlante,
En tant de périlleux combats,
Dont le seul récit m'épouvante,
Fit naître à tout propos et partout sous tes pas.

Qu'avec plaisir la compagnie,
En qui ton accueil gracieux (1)
A Toury redoubla l'envie
De se voir vite en ces beaux lieux,
A présent, surprise et ravie,
Y contemple de tous ses yeux
Ce monstre vraiment furieux (2),
Qui, sans ton fer victorieux,
Eût partout sa rage assouvie
De Cléri jusqu'à Brassieux,
Et dont l'écumante furie,
Capable de venger les Cieux

---

(1) Variante du *Recueil des plus belles pièces des poètes françois* (attribué à Fontenelle); Barbin, 1692 :

A qui cet accueil, etc.

(2) *Merc. gal.* :

Y contemple de tous ses yeux,
Dès l'abord surprise et ravie,
Ce monstre, etc.

Et d'assembler les demi-Dieux,
A tout autre qu'à toi n'eût point laissé la vie.

    Mais quoi! la bête d'Erimante,
    Pour qui la Grèce eut le frisson,
    Quelque rude et mauvais garçon
    Que son Méléagre elle vante,
    Ni tout ce qu'Homère nous chante
    De Phénix et son nourrisson,
    Dont la colère trop constante
    Et le trop cuisant marrisson
    Pour la perte d'une servante
    Combla de tant de morts le Xante,
    Ne sont de vrai qu'une chanson,
    Au prix de ce que le Cousson (1)
    A vu de ta valeur brillante,
D'une bien plus guerrière et toute autre façon.

    Cousson, dont l'onde claire et pure (2)
    Tantôt brille et tantôt se perd
    Sous l'épaisse et fraîche verdure
    Du long et fidèle couvert
    Qui forme ta belle bordure,
    Par ta divinité je jure
    Que jamais rien ne s'est offert
    Au petit talent de nature
    Qui souvent assez bien me sert
    Pour oser faire une peinture,

1) Petite rivière qui passe à la Ferté Saint-Aignan.
2) Rec. de Barb. :
    Ruisseau dont l'onde, etc.

Rien, dis-je, tel que l'aventure,
Dont fut témoin l'affreux désert
Où même encor je sens que dure
Une horreur dont seul me rassure
L'aspect toujours riant et vert
De ton cours qui de loin m'en trace la ceinture.

Et, n'étoit que la modestie
Est la grande et digne partie
Du héros à qui l'on écrit,
Cousson, il faut que je le die (1),
Comme jamais le ciel ne vit
Rien d'égal à tout ce qu'il fit
Dans ce bel endroit de sa vie,
Rien aussi n'auroit pu me donner plus d'esprit.

(1) Rec. de Barb. : « Il faut que je te die. »

RÉPONSE

Du Duc de Saint-Aignan.

imable et brillant Chapelle,
Enfin, suivant mon souhait,
Ta lettre savante et belle
Vient me rendre satisfait,
Car, sans blâmer le génie
De ceux de ta compagnie,
Dont les talents sont divers,
Si ma raison n'est trompée,
La pointe de leur épée
Vaut bien celle de leurs vers.

Ce n'est pas que ta flamberge
Ne pût prouver ta vigueur,
Et qu'en mon petit auberge
Elle ne fît voir ton cœur,
Les sangliers de mes bocages
Y demeureroient pour gages;
Mais j'ai de très forts soupçons
Que tu crois plus raisonnable

---

(1) Dans le *Mercure galant*, cette pièce suit la lettre de Chapelle, avec ce titre : *Réponse impromptu*.

De les percer sur la table
Que dans leurs affreux buissons.

J'en reviens donc à ta muse,
Et je soutiendrai ce point,
Qu'il faudroit être bien buse
Si l'on ne l'estimoit point
Comme on tient pour des merveilles
Les fruits de tes doctes veilles,
Quand Phébus vient t'embraser;
Ton humeur libre et galante
Par mille agréments enchante
Ceux qui t'entendent jaser.

Tes beaux vers sont, sur mon âme,
Dignes d'admiration.
De MONSIEUR et de MADAME
Ils ont l'approbation.
D'un prince tout plein d'estime (1),
De qui l'esprit est sublime,
Ils feront tout l'entretien;
Mais je suis fort en demeure,
Car cette ode d'un quart d'heure
N'y répondra pas trop bien.

Ces chasseurs, dont la naissance
Est égale à la vertu,
Sans doute auront connaissance
De ce méchant impromptu.
Dis-leur, illustre Chapelle,

(1) Le grand Condé.

Que mon cœur, mon alumelle,
Ma bourse, tous mes amis,
Mon gibier, mes bois, ma plaine,
Mes poissons et ma fontaine,
Enfin, tout leur est soumis.

Mais dis de plus, si tu m'aimes,
Au jeune prince lorrain,
Qui par des efforts extrêmes
Fit rougir les eaux du Rhin,
Que, quand le destin contraire
Ramena son brave frère,
Dont chez moi chacun pesta,
Mon âme, alors désolée,
Ne put être consolée
Que parcequ'il y resta.

O Chapelle, que j'estime
Et que j'aime tendrement!
Sois certain que cette rime
Est faite dans un moment.
Allonge ta promenade,
Redouble sauce et grillade
Dans mon antique maison.
Et cependant je vais boire
Ta santé deçà la Loire;
Songe à m'en faire raison.

STANCES

Du Duc de Saint-Aignan
A M. le Duc de Vendome

Sur la petite vérole, en 1680.

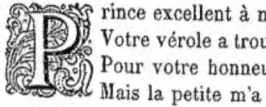rince excellent à mettre à toute sauce,
Votre vérole a troublé mes esprits.
Pour votre honneur j'attendois bien la [grosse;
Mais la petite m'a surpris.

Nulle dame pourtant ne plaint votre infortune,
  Car votre teint ne sera pas gâté.
Combien de fois l'ambassadeur Béthune (1),
En repassant du fromage au pâté
Et s'éloignant d'une foule importune,
    N'a-t-il pas bu votre santé?

Un dieu charmant en ces lieux vous rappelle.
Un rare esprit à sa valeur est joint;
Son épouse est aussi sage que belle;

---

(1) Le marquis de Béthune, ambassadeur de France en Pologne auprès du roi Jean Sobieski.

Et je pourrai vous faire une querelle,
Si vous ne le devinez point (1).

Prince, oubliez enfin un pays de cocagne;
Apportez-nous quelque madrigalet.
Vous quitterez, pour vous, un peu tard la campagne,
Si le temps des sermons a chassé le ballet.

(1) M. le Duc et madame la Duchesse.

RÉPONSE

Pour Monsieur le Duc de Vendome

Aux Stances du duc de Saint-Aignan.

Duc, qui portez avec vous votre sauce,
Tout vert encore et dans tout succulent,
De votre rare et singulier talent,
Sans prendre ailleurs aucune beauté fausse,
Tirez toujours quelque trait excellent.

C'est bien ici que, pour faire réponse,
Il faudroit être et poète et guerrier,
Dons qu'hormis vous nul n'a su marier;
Car partout croît le chardon et la ronce,
Mais non partout la palme et le laurier.

Mais, bien qu'en rien on ne vous puisse suivre,
Ni, comme vous, être digne du cuivre
Dans le métier d'Apollon et de Mars,
Il faut pourtant montrer et qu'on sait vivre,
Et qu'on connoît les deux plus beaux des arts.

De la vertu qui par trop nous devance
La raison veut qu'on adore les pas :
Mais avec cœur et sûre confiance
Que de la joindre à nous n'appartient pas,
Oser la suivre aura sa récompense.

Si de celui (1) qui pensa mettre en cendre
Avec son roi (2) la fameuse Sardis
L'exemple eût plus étonné que su rendre
Les peuples grecs plus forts et plus hardis,
Eussent-ils eu pour vengeur Alexandre.

Elle eût été reine de l'univers,
Mais n'eût point eu Rome son cher Virgile,
Si l'Iliade eût rebuté ses vers.
Notre Paris n'eût point vu mainte idille
Courir partout dans les quartiers divers,
Si l'abbé (3) n'eût, d'une force virile,
Osé marcher après le grand Nevers.

Si du Béthune, ambassadeur à Rome
Qui parle encor de sa noble vigueur,
Au rejeton la mémoire eût fait peur,
Eussions-nous vu pénétrer ce grand homme
Jusqu'où de vers grossit son triste tome (4)
Nason, pleurant de ces lieux la rigueur?

(1) Cyrus.
(2) Crésus.
(3) L'abbé de Chaulieu.
(4) Les *Tristes* d'Ovide et ses *Elégies* de Ponto.

Bref, de Dantzic jusqu'à Crim, le vieux tome
Eût-il marqué son esprit et son cœur?

Puis nous avons encor cet avantage
Qu'une princesse (1), en qui tant exceller
On voit le beau de l'âme et du corsage,
Sans oublier ce doux air de visage
Dont on ne peut jamais assez parler,
Par sa présence accroît notre courage;
Et son savoir, son favori partage,
A bien voulu parmi ces vers mêler,
Voyant qu'à vous s'adressoit cet ouvrage.
Il ne faut pas en dire davantage;
Ce seroit trop à vous nous déceler.
Adieu, grand duc; adieu, grand personnage.
Déjà d'ici, finissant cette page,
Je vous l'entends de son nom appeler.

(2) La duchesse de Bouillon.

MADRIGAL

A Monseigneur le Duc de Vendome.

Prince, que la cour et la France
Chérissent avec connoissance,
Sans vous connoître encore assez,
Que, depuis les cinq mois glacés
Rendus, par la magnificence
De vingt mille écus dépensés,
Plus doux dans Anet qu'en Provence ;
Je regrette la jouissance
Des ans que, depuis ma naissance,
J'ai bien plus perdus que passés !

FRAGMENT

D'ODE IMPROMPTU SUR ORPHÉE.

Et du plus pur et du plus beau
De l'essence qui nous éclaire
Un dieu forme un trait de lumière
Dont il pénètre mon cerveau.
Que je sens une pure flamme
Se soulever dans mes esprits ;
Et que le plus beau de mon âme
Va paroître dans mes écrits !

C'est toi, grand et divin Orphée,
C'est toi que ma muse échauffée
Va célébrer dans l'univers.
C'est toi, fils du dieu qui m'inspire,
Pour qui je vais faire des vers
Dignes des accords de ta lyre.

Je sais bien que, lorsque ta voix
Retentit sur les monts de Thrace,
Que tes airs rendent mille fois
Plus célèbres que le Parnasse,
Le rocher sensible te suit,
Les aquilons charmés s'apaisent,

Les eaux s'arrêtent et se taisent,
Pour ne te point faire de bruit.

Aux accents de ta voix divine,
Le chêne, malgré sa racine,
Y court pour t'entendre chanter,
Et nous apprend qu'on peut bien dire
Qu'il a pu parler en Epire,
Puisqu'en Thrace il sait écouter.

Je sais que ton luth autrefois
Sut adoucir l'humeur sévère
Du fier tyran de ces détroits,
Où jamais n'éclaire ton père,
Et qu'attentif à tes merveilles,
Le chien du royaume des morts
Souhaita de se voir alors
Moins de bouches et plus d'oreilles.

Enfin, je sais que les enfers
Te furent autrefois ouverts;
L'on t'en loue, et moi, je t'en blâme:
Car au fils du plus beau des Dieux
De faire tant pour une femme
Pouvoit-il être glorieux?

ODE IRRÉGULIÈRE

Pour Monsieur le Comte de S.

Quel bruit de triomphes nouveaux
Se répand dans toutes les villes
Du grand fleuve, et, suivant ses eaux,
Passe même en des lieux tranquilles,
Et fait retentir nos coteaux?

Ah, bons dieux! c'est la Renommée;
Non cette hydre horrible, affamée
De mensonges et de faux bruits,
Dont chaque tête envenimée
Crève aussitôt qu'elle est semée
Aux climats grossiers et nourris
D'épais brouillards et de fumée :
Non, non; c'est cette bien-aimée
De nos guerriers, ses favoris;
Cette belle nymphe, charmée
De l'auguste nom de Louis;
Cette divinité formée
Des chants d'allégresse et des cris
D'une victorieuse armée;
Et qui, des échos de Paris
Et de feux de joie animée,
Vole par l'empire des lys.

C'est elle, vous le pouvez croire,
Qui vous annonce, après l'histoire
De l'épouvantable débris
Qu'à peine en ses plus creux abris
Cache encor la montagne noire,
Que le grand duc........, épris
D'amour pour une autre Victoire,
Quitte le Rhin et sur la Loire
Vient enfin recevoir le prix
Que méritent son cœur, son grand nom et sa gloire.

Allons donc tous à sa rencontre,
Que notre impatience montre
Ce qu'on doit à ses longs travaux.
Surtout, villes de ces contrées,
Que, malgré les affreux assauts
De cent nations conjurées,
Nous voyons toujours labourées
Dans un plein et parfait repos,
Déployez vos riches livrées;
Chargez vos femmes de joyaux;
Préparez partout des entrées;
Faites parler vos tribunaux,
Retentir vos maisons sacrées,
Luire et tonner vos arsenaux;
Et que vos portes redorées,
De myrthe et de laurier parées,
Deviennent des arcs triomphaux.

Mais quoi! Sur l'humide carrière
Autant que peut s'étendre l'œil,
Dans ce beau lointain de rivière,

Où l'onde orgueilleuse et si fière
Le dispute même au soleil;
Paroît déjà sa galiote,
Qui, tant plus vers nous elle flotte,
Marque un si pompeux appareil,
Qu'on voit bien que jamais pilote,
Pas même l'illustre Argonaute,
Ne vogua pour rien de pareil.

Aussi ni la dépouille antique
De ce fabuleux et magique
Royaume et palais de Colchos,
Pour qui vit la mer Thessalique
Les premiers pins du mont Athos;
Ni les perles, ni les lingots,
Qu'en l'un et l'autre golfe indique
Trouvèrent, méprisant l'enclos
Du vieux monde et de l'Atlantique,
Ceux qu'à travers de tant de flots
La découverte d'Amérique
Rend, avec ce long tour d'Afrique,
Les plus fameux des matelots;
N'égalent point cette authentique,
Illustre, belle et magnifique
Conquête, qu'à ce grand héros
Réserve la Gaule armorique.

Ménageons-nous cet avantage;
Joignons l'amoureux équipage.
Prenons part à tant de beaux jours
Que promet son heureux passage;
Suivez, suivez, peuple de Tours

Et de tous ses nombreux faubourgs.
Accourez de chaque village,
Laissez les soins du jardinage,
Habitants de ces beaux contours.
Que vos vœux et votre suffrage,
Vos flageolets et vos tambours,
Nous fassent, pendant ce voyage,
Oublier ceux des Brandebourgs.
D'un long et d'un épais concours
De femmes, d'enfants de tout âge,
Bordez ce magnifique ouvrage,
Qui partout vous sert de rivage,
Jusqu'où Loire bornant son cours
Rendra pour ce coup son hommage,
En dépit de Thétis toujours grosse d'orage,
A l'infante des mers, la reine des amours.

LETTRE

A Monsieur le Marquis d'Effiat

En lui envoyant la pièce suivante.

Quel fut mon trouble et mon chagrin,
Et combien j'amassai de bile,
Quand plus à la nuit qu'au matin,
Et bien moins courrier que lutin,
Mais plus dispos et plus habile
Que, dans Marot, frère Lubin,
Pour courir en poste à la ville (1).
Je te vis prendre le chemin
Qui mène et fait gagner enfin,
Après un désert infertile,
Les monts, à qui n'est l'Apennin
Que ce qu'aux géants est le nain;
Barrière affreuse, mais tranquille
Et de la paix toujours l'asile,
Par qui borne un arrêt divin
L'un et l'autre puissant voisin,
D'où, comme d'un premier mobile,

---

(1) Ce vers manque dans Saint-Marc; nous le trouvons dans l'édition de 1732.

Notre Europe attend son destin !
En effet, comme moi, qui n'eût
Mal auguré, par le début,
Du reste de ta destinée?
Te souvient-il bien comme il plut?
Telle et si rude matinée,
Au plus beau mois de notre année
Jamais du voyageur n'émut
L'âme à si bon droit mutinée;
Non, depuis qu'au seigneur il plut
De noyer l'humaine lignée,
Tant d'eau sur la terre il ne chut.
Au seul bruit dont il me parut
Qu'il pleuvoit dans ma cheminée,
Je crus qu'une pluie obstinée
Et suivre et conduire te dût
Jusqu'à ta route terminée;
A moins qu'en faveur d'Hyménée,
Le ciel castillan ne voulût
T'offrir quelque heureuse journée.
Car, d'entre nous pas un ne crut,
Qu'un si grand changement se pût
Faire ici dès l'après-dînée.
Et cependant à peine fut
Par nos cloches carillonnée
L'heure à repaître destinée,
Que Phébus, gagnant le dessus,
Et le haut du céleste étage,
Y fit luire un si clair visage,
Que, de tous côtés épandus,
Ses traits percèrent le nuage;
Ce qui me remit le courage.

DIVERSES.

Car d'abord, Marquis, je conçus
Qu'un pareil jour m'étoit l'image
De ta course et de ton voyage,
Qui, chez les peuples abattus,
Par des temps si noirs, si confus,
Si pleins d'horreur et de ravage,
Leur seroit un heureux présage
Que tout autre astre que Phébus,
Et brillant cent fois davantage,
S'en venoit dissiper l'orage
Et les troubles qu'ils avoient vus;
Et demeurer pour sacré gage
Que désormais ils n'auroient plus
Que des beaux jours du premier âge.

Toi donc parti, je n'eus plus d'autre égard
Que de chercher à rêver à l'écart,
Et dans les bois exciter mon génie
A me fournir des vers sur ton départ;
Quand en devroit ma poétique manie,
Par le Galant Mercure, être au hasard
D'avoir encor, malgré moi, quelque part
Dans le récit de la cérémonie (1).
Mais c'étoit bien compter sans Montrichard,
Qui tient aux gens trop bonne compagnie.
Et si le bruit de tous côtés venu
Qu'on alloit voir dans la cité d'Amboise

---

(1) Ce que Chapelle dit ici semble indiquer qu'il avoit composé quelque pièce à l'occasion de quelque fête ou cérémonie publique, et que le *Mercure galant* l'avoit adoptée. (*Saint-Marc.*)

Plus qu'on n'avoit pas même à la Cour vu
N'eût fait partir et bourgeois et bourgeoise,
Un seul moment je n'en eusse obtenu,
Tant Montrichard sait trop bien chercher noise.

Mais à présent que l'âne et l'haridelle
Y vont portant et femmes et maris,
Sur mon Marot, qui dans tel genre excelle,
Ce chant royal j'ai fait et te l'écris.
Ses rimes sont trois en *is*, quatre en *elle*.
Vois-le, de grâce, et pour refrain y lis :
Rien de si beau, rien de si noble qu'elle.

CHANT ROYAL

Sur le mariage de Mademoiselle avec le roi d'Espagne (1)

On crut jadis que l'habitant du Tage,
Pour au couchant du soleil se trouver,
En amassoit l'or sur son beau rivage ;
Mais plus de biens lui sont prêts d'arri-
Par le soleil qu'un illustre message   [ver]
Lui donne espoir qu'il verra se lever.
Pour te marquer une joie immortelle
Par ton moyen d'avoir si vite appris
Cette importante et si grande nouvelle,
Qu'il mette au jour tout ce qu'il a de prix,
Et quand viendra reine tant noble et belle,
Que tous ses bourgs retentissent des cris :
Rien de si beau, rien de si noble qu'elle !

(1) Marie-Louise d'Orléans, née le 2 de mars 1662, mariée le 31 d'août 1679 à Charles II, roi d'Espagne, dont elle fut la première femme, et morte sans postérité le 12 de février 1689, étoit fille de Philippe de France, duc d'Orléans, frère unique du roi Louis XIV, et d'Henriette-Marie Stuart, princesse d'Angleterre.

Aussi quand Dieu vit sur la Terre et l'Onde
Tout par l'envie en désolation,
Enfin touché de la compassion
Qui dans son sein pour nous toujours abonde,
Il résolut que, pour calmer le Monde,
Il y falloit une sainte union.
Dans ce dessein sa bonté paternelle
En tous lieux roule et sur tous les pays
Sa clairvoyante et lointaine prunelle,
Dont la princesse il découvre à Paris,
Où, contemplant la royale pucelle :
« Non, le Ciel n'a, dit-il, dans son pourpris
Rien de si beau, rien de si noble qu'elle. »

Lors il voulut descendre dans son cœur,
Et de nos lys y trouvant l'innocence,
Il la jugea la digne récompense
Qu'au jeune roi devoit le roi vainqueur,
Et ne crut pas sa sage Providence   [heur.
Mieux pouvoir rendre aux chrétiens leur bon-
D'un seul clin d'œil, dont le pôle chancelle,
Il fait venir un de ses purs esprits,
Lui parle ainsi : « Va joindre à tire d'aile
Des Espagnols le monarque, et lui dis :
Dieu t'offre en France une épouse, mais telle,
Que de Goa n'est jusques à Cadix
Rien de si beau, rien de si noble qu'elle.

» Son âme aspire à cette piété
Dont ta maison croit tenir sa puissance ;
Sur son front prend sa chaste résidence
Un air d'auguste et douce majesté,

Qui n'appartient qu'au sang royal de France
Et dont son père a si fort éclaté.
Elle a de lui quelque vive étincelle
De ce qui brille en ses faits inouïs ;
Elle prendra pour tes armes un zèle
A méconnaître et Philippe et Louis.
Par quoi, laissant leur haine naturelle,
Diront les tiens, étonnés, éblouis :
Rien de si beau, rien de si noble qu'elle.

» De la vertu le solide mérite,
Qu'elle préfère à ses divins appas,
Du moindre mal et l'horreur et la fuite
Qui vers le bien guident toujours ses pas,
Sont les trésors dont ta juste poursuite
Va t'enrichir, toi, prince, et tes états.
Pour la beauté sache même qu'Apelle
Rien de pareil ne produisit jadis.
Le grand Mignard confesse et point ne cèle
Qu'à pas un d'eux la peindre n'est permis.
En la voyant, tous ses portraits rappelle,
Et tu diras que dans eux tu ne vis
Rien de si beau, rien de si noble qu'elle. »

Envoi.

Roi des François, que ta valeur a mis
Trop au dessus de tous tes ennemis,
Pour craindre encor quelque guerre nouvelle;
Roi très chrétien, qui jamais ne la fis
Que pour fonder une paix éternelle,
Qui puisse un jour dans la vaste Memphis

Et dans Byzance alarmer l'infidèle,
Par un présent bien cher tu l'établis,
Puisque, excepté ton magnanime fils,
Tu n'eus jamais dans l'empire des lys
Rien de si beau, rien de si noble qu'elle.

LETTRE

A Monsieur le Marquis d'Effiat.

Vous mander qu'on est accueilli
Et traité des mieux à Sulli,
La chose vous est trop notoire,
Illustre marquis de Chilli.
Puis la chanson rôti, bouilli,
En est preuve si péremptoire,
Que l'on peut, sans avoir failli
Contre les maîtres de Sulli,
N'en rafraîchir point la mémoire.

Aussi nous ne vous écrivons
Et ne prenons notre écritoire
Que pour, ainsi que nous devons,
Vous souhaiter prompte victoire,
Vous mandant qu'à vous nous buvons
Tout aussi frais qu'on sauroit boire;
Et, suivant l'antique grimoire,
Prions Dieu qu'ainsi soit de vous,
Chose assez difficile à croire.
C'est pourquoi nous pensons bien tous
Que bien mieux seriez sur la Loire
Que sur le Rhin; avecque nous

Qu'avec tous ces friands de coups,
Et de louanges dans l'histoire,
Mais qui, pour être fous de gloire,
N'en sont, par ma foi, pas moins fous.

Ainsi que l'avez ordonné,
La belle, sage et trop prudente
Madame de Valentiné
A lu votre lettre, et contente
De cette manière obligeante
Dont il vous a plu me gronder,
A jugé devoir seconder
Votre bonne amitié grondante ;
Et si bien encor m'a grondé,
Que, si grondeuse aussi touchante
Qui vous a si bien secondé
N'est sur mon cœur assez puissante
Pour vaincre son foible et sa pente,
L'ami Ménil est bien fondé
De dire qu'il en perd l'attente,
Mais non pas ce dévergondé
Qui va perdre en un coup de dé
Plus qu'il n'a de fonds et de rente.

Mais vous connoissez trop mon cœur
Et moi trop cette bienveillance
Dont vous procurez mon bonheur
En tous lieux, en toute occurrence,
Pour ni moi ni vous avoir peur
Que je manque de déférence
Pour si notable remontrance,
Et que même je crois, seigneur,

De telle et si grande importance,
Que je prétends m'en faire honneur.

Sur moi vous avez un empire
Qui seul de moi s'est pu saisir;
Je sens dans mon cœur introduire
Cet honnête et sage désir
Pour la campagne et son loisir.
Dieu veuille encor qu'il me retire
Des lieux où je verrois moisir
Le peu d'esprit qu'on a cru luire
Dans quelques brouillons qu'à vrai dire
Personne ne m'a vu choisir
Ni pour réciter ni pour lire,
Et que le vin et le plaisir
M'ont à peine permis d'écrire (1).

Mais si jamais, bien desyvré
Et parfaitement délivré
De la Croix Blanche et de la Sphère,
Même d'un brelandier outré
Et tout à fait désespéré
Qu'on devroit remettre en galère,
Je suis, cet hiver, retiré
Dans votre beau château, j'espère
Pour lors enfin vous pouvoir faire
Peu de chose, mais à mon gré,
Et qui soit digne de vous plaire

(1) Voilà quelques vers qui confirment pleinement ce que nous avons dit dans la notice, que Chapelle devint auteur sans le savoir et sans le vouloir.

Autant que, même avec colère,
Vous l'avez toujours désiré.
En quoi je ne vous saurois taire
Combien vous m'avez honoré.

Vous pouvez donc bien, cher marquis,
Me croire et tenir pour acquis
Plus que jamais ne fut personne.
Aussi vous tiens-je un don exquis
Du ciel, qui dans vous seul me donne
Le tout dont je l'avois requis.
Mais sur quelques vers que je fis
Dans l'âge où le sang nous bouillonne,
Et qu'à l'âge aussi l'on pardonne,
Auriez-vous bien cru qu'on m'eût mis
Entre ces Messieurs qu'on a pris
Et qu'à bon droit on pensionne
Pour bien savoir donner le prix
Aux grands progrès de la couronne (1).

Que j'aime la douce incurie
Où je laisse couler mes jours !
Qu'ai-je affaire de l'industrie,
De l'intrigue et des faux détours,

---

(1) Il résulte de ce qu'on lit ici que Louis XIV pensionna Chapelle. L'éditeur de 1732 semble croire que ce fut à l'occasion des stances qui suivent ; mais Saint-Marc, après avoir remarqué que ces stances ne sauroient guère se rapporter qu'aux événements de l'année 1668, époque à laquelle notre auteur étoit âgé de quarante-deux ans, et qu'il ne pouvoit par conséquent

Dont usent, même avec furie,
Ces rimailleurs suivant les cours,
Et ceux encor que. . . . . crie,
Et que. . . . . renchérie
Aide de tous ses beaux atours?
Quelques contes d'hôtellerie,
Des lettres de galanterie,
Du vin et de folles amours,
Ont fait jusques ici toujours
Ma plus heureuse rêverie;
Et bientôt ma veine tarie,
Se sentant des fins de ma vie,
En saura bien borner le cours.

Mais, bien que votre bienveillance
Aille pour moi jusqu'à déchoir
De cette fine intelligence
Qui vous fait pénétrer et voir
Tout, hormis mon insuffisance,
Lettre n'est pas de conséquence;
Il faut subir votre vouloir.
Et qu'importe ce que j'avance,
Si ce n'est que pour émouvoir
Les Muses à résipiscence?

pas citer comme celle de sa grande jeunesse, en conclut assez judicieusement qu'on doit plutôt penser que la réputation d'homme de talent que Chapelle dut à ses premiers essais, notamment à son Voyage, l'avoit tout naturellement fait comprendre plusieurs années auparavant parmi les beaux esprits à qui le roi donnoit des pensions.

Filles de la reconnoissance
Et du roi du tonnant manoir,
Qui de cette haute naissance
N'avez eu pour toute chevance
Que parler en votre pouvoir,
Qu'en faites-vous, quand pour la France
Tout parle et passe notre espoir ?
Quel ingrat, quel honteux silence !
Quoi ! ces auteurs par excellence
Doivent-ils mettre à nonchaloir
Cette mémorable occurrence,
Et peuvent-ils en conscience
Vous dire bonjour et bonsoir
Sans implorer votre assistance ?
Dites, Muses, en confidence,
Est-ce qu'entre gens de savoir
Rien qu'à se louer on ne pense ?
Quant à moi, que ma négligence,
Tout comme un auteur d'importance,
Porte assez à ne rien valoir,
De grâce, force remontrance,
Et faites-moi bien concevoir
Que toujours quelque extravagance
M'arrache à mon juste devoir.

Vous savez trop bien que je dois
Le peu que j'ai d'art et de voix
A ce grand frère qui seconde
Si dignement les fiers exploits
D'un roi qui sur la terre et l'onde
Vient d'étendre le nom françois
Si loin, que pour eux tout le monde

Oubliera la tige féconde
Qui nous donne soixante rois.

De cette éclatante origine,
Du ciel et des dieux si voisine,
Qui des plus hardis potentats
Sut mieux qu'eux, dans les fâcheux pas,
Pour peu que l'honneur y domine,
Descendre aux emplois les plus bas?
Qui, sans horreur, les imagine,
Moindres que leurs moindres soldats,
Des périls faire leurs ébats
A la tranchée, à la fascine,
Et sûrs aux plus sanglants combats?
Confessons donc que ce n'est pas
Sans quelque assistance divine
Qu'ils sont rendus à leurs états.

Revenez, princes généreux,
Dont les hauts faits, tous merveilleux,
N'eurent et n'auront point d'exemples.
Partagez-vous entre nos vœux
Et le laurier qui ceint vos temples (1).
Un peuple fidèle et nombreux
Eclaire nos places de feux
Et d'encens obscurcit nos temples.
Contentez-vous que jamais ceux
Qu'y mirent leurs exploits fameux
N'ont laissé des sujets plus amples
A faire parler leurs neveux.

(1) Mauvaise locution de l'époque, pour *tempes*.

Rendez-vous donc à votre France,
Qui, grand roi, par votre vaillance
Voit tous les jours plus de François.
Croyez la Meuse en assurance,
Qui mit sa plus ferme défense
Dans l'honneur d'être sous vos lois.
Regardez la triple alliance
Sur ses fins et comme aux abois ;
L'Espagne dans une indigence
Qui ne pourra pas de vingt mois
Remandier une puissance
Qui pour une dernière fois
Mérite encor votre présence.

Et vous, suivez l'auguste frère,
Pour qui désormais nos autels
Fumeront d'encens éternels
Sur l'un et sur l'autre hémisphère,
Qui n'en virent jamais de tels.
Soyez, moins par vaincre et tant faire
Que par gagner les cœurs et plaire,
L'honneur et l'amour des mortels.

Dauphin, qui, ne faisant que naître,
Trouvâtes l'univers soumis,
Qui depuis avez fait paroître
Tant de qualités dignes d'être
Au rang où le Ciel vous a mis,
Les destins vous ont tout promis ;
Mais il faut prier notre maître
Qu'il vous laisse des ennemis.

J'étois auprès d'un prince aimable

DIVERSES.

Pour être autant brave que bon (1),
Ce qui se trouve inséparable
De l'auguste sang de Bourbon,
Quand d'ennui ma muse opprimée,
Par son bon accueil ranimée,
M'inspira ceci près ces bains
Que, pour fuir un peuple profane
Et se donner tout à Diane,
Bâtirent de royales mains (2).

Et pour vous expliquer plus net,
Illustre marquis, où j'ait fait
Ces vers, qui bientôt à la Halle
Passeront de mon cabinet,
Si votre bonté les étale,
C'est dans cette maison royale
Où d'anis, où de serpolet,
De thym, marjolaine et genêt,
Une si douce odeur s'exhale
Qu'elle en a pris le nom d'Anet.

(1) Le duc de Vendôme.
(2) Henri II, qui fît bâtir Anet pour Diane de Poitiers, duchesse de Valentinois.

STANCES AU ROI

Sur son départ pour l'Armée.

Es-tu d'accord avec les cieux,
Dans ces mois si capricieux,
Pour qu'ainsi toujours la victoire
Te suive en tout temps, en tous lieux,
Prince à coup sûr victorieux?
Ou plutôt ne dois-je pas croire,
Quand je te vois laborieux
Plus qu'aucun dont parle l'histoire,
Qu'entre les rois tu sais le mieux
A quel prix ont voulu les dieux
Qu'un héros achetât sa gloire?

En effet, c'est toi tous les ans
Qui, devant que le dieu des vents
Chasse la bise et la resserre,
Dès l'hiver ouvres le printemps
Par cent mille coups de tonnerre;
C'est toi qui viens de battre aux champs
Pour des faits si fiers et si grands,
Qu'ils finiront presque la guerre,
Même avant que les fers tranchants
Du laboureur fendent la terre.

Hélas! que n'ai-je assez de voix
Pour faire, autant que je voudrois,
Voir la parfaite ressemblance
Qu'a cette ardente diligence
Qui donne l'âme à tes exploits,
Et ton adorable clémence,
Qui fait si bien goûter les lois,
Avec les vertus qu'autrefois
Fit éclater par excellence
Un Romain (1), pour qui la vengeance
De nos vieux ancêtres gaulois
Sur Rome et sur son insolence
Fonda cette vaste puissance,
Que sut si bien rendre aux François
Et partager avec Bizance
Charles (2), que jusqu'à toi la France
A cru le plus grand de nos rois.

Eh bien, Muses! et toi, Phébus!
Que ne les as-tu donc prévus,
Avec ton trépied, tes oracles,
Ces coups jusqu'à nous inconnus!
De tous ces vieux faits de bibus
Falloit il faire des miracles,
Et, les vrais miracles venus,
Demeurer supris et confus,
Rencontrer partout des obstacles,
Et confesser n'en pouvoir plus?

Allez, allez, sœurs indiscrètes,

(1) César.
(2) Charlemagne.

Vendre ailleurs vos vieilles fleurettes;
Cherchez ces lourdes nations
Qu'aux abois et presque sujettes
On charme encor d'illusions ;
Et là de toutes vos sornettes
Aidez leurs menteuses gazettes
A déguiser nos actions.
Pour celles que mon prince a faites,
Plus, plus de vos inventions,
Plus de muses, plus de poètes !
Eh ! quel besoin de fictions,
Quand, au seul bruit de nos trompettes,
Tombent partout les bastions !

Non, non, pour mettre en sûreté
Dans la foi de l'éternité
Ces miracles que la mémoire
Consacre à l'immortalité,
Il faudra de nécessité
Qu'une simple et modeste histoire
Rende un compte exact de ta gloire
A toute la postérité;
Encore en sera-t-il douté :
Car, grand roi, l'on a peine à croire
Ce qui ne peut être imité.

LETTRE LATINE

De Chapelle (1).

Domino Petro Gassendo, sæculi præsentis philosophorum principi, C. E. L. Capella, χαίρειν.

uod insolito te affari velim idiomate tum nascentis anni audentem facit origo, tum observantia erga te mea summa, recordatio imprimis incomparabilis animi tui, cujus æternas opes dum considero, insusurrare illud ad Janum venit in mentem.

 O tu principium simulque finis
 Lapsu continuo fluentis anni,
 Ævi sancte parens, bifronsque Jane,
 Cui vates duplicem dedere vultum,
 Ut posses duplici videre vultu
 Et quæ præteritis fuere sæclis
 Et quæ sunt aliis futura in annis;
 Dicas, Jane pater, rogamus omnes,
 Dicas te rogat universus orbis

(1) Cette lettre est imprimée à la page 521 du t. VI de l'édition in-fol. des œuvres de Gassendi.

Videruntne parem patres sepulti,
Videbitne parem futura proles
Gassendo, physicæ inclito patrono
Verarumque patri scientiarum?

Hæc quæ paucula musa dedit carmina suscipito, et amare perge quem tot gravare dignatus es beneficiis. Vale. Dabam Monspelii kal. januarii 1649.

Fin des OEuvres de Chapelle.

PIÈCES

DE BACHAUMONT

Nous avons dit, après beaucoup d'autres, et tout annonce, en effet, que Bachaumont ne contribua pas peu à former aux lettres Madame de Lambert, dont il avoit épousé la mère, Madame veuve de Courcelles, en 1665. Seulement il paroîtroit que les premiers qui ont ainsi rapproché leurs deux noms se sont exclusivement renfermés dans ce qui touchoit à la littérature, sans aller jusqu'aux rapports de beau-père à belle-fille, et surtout de pupille à tuteur. M. Ravenel, si distingué par ses propres travaux et toujours si bienveillant pour ceux des autres, nous a donné connoissance d'une pièce du temps qui, envisagée dans tous ses détails, présente plus d'un côté curieux. C'est un factum ayant pour titre : Réponses de la dame Marquise de Lambert à plusieurs faits avancés par M. Le Coigneux de Bachaumont dans les requêtes qu'il a présentées en l'instance d'entre eux. Cette pièce porte la date, mise à la main, de 1687. Si, au lieu d'être les éditeurs de Bachaumont, nous étions ceux de Madame de Lambert, peut-être, suivant les us et coutumes de tout bon éditeur, ne manquerions-nous pas, sur

le seul exposé de l'une des parties, de lui
donner pleinement raison; nous ne manquerions pas du moins (ce qui doit être permis,
même aux éditeurs de Bachaumont) d'insister sur tout ce qu'on trouve dans ces quelques pages de verve, de finesse, d'excellente
plaisanterie, et, en vérité, aussi de bon
style, réunion de choses qui nous disposeroient un peu à y reconnoître la main d'une
femme spirituelle, excitée encore par la lutte,
plutôt que celle d'un homme de métier. Quoi
qu'il en soit, l'on comprendra aisément que,
toute autre considération à part, l'absence
des propres dires de Bachaumont nous interdise d'être plus explicites touchant la discussion elle-même. Nous nous bornerons donc à
remarquer ici, en revenant à notre point de
départ, que le factum contient cette phrase
textuelle : Il la maria au sieur marquis de Lambert; et que, si Bachaumont décida ainsi de ce
qu'il y eut de plus important dans l'existence
de sa belle-fille, il dut bien, à plus forte raison, dans les temps de bon accord qui précédèrent et qui suivirent le mariage de madame
de Lambert, car elle continua, pendant plusieurs années, d'habiter, ainsi que son mari,
la maison de son beau-père; il dut bien, dis-je, prendre plaisir à diriger lui-même ses
études littéraires. Ce fait en quelque sorte
de nouveau confirmé, il ne nous restera qu'à
déplorer une fois de plus ces tristes divisions
qu'amènent trop habituellement les affaires
d'intérêt entre des parents ou des alliés qui
souvent ne sont ni moins honorables les uns

que les autres, ni moins honorés de ceux dont ils sont connus.

Comme s'il étoit dans la destinée des deux amis de n'être jamais séparés, nous sommes amenés à dire encore ici quelques mots de Chapelle. Il résulte de documents authentiques, dont nous devons également la communication à M. Ravenel, que la mère de notre auteur, qui est appelée partout Marie Chanut, porta aussi un autre nom. Elle est désignée dans ces pièces sous ceux de Marie Chanut, dame Musnier, titre qu'on ne donnoit pas familièrement dans ce temps-là. Elle vivoit éloignée de son mari. En la retirant ainsi du milieu de la classe inférieure où sembloit la reléguer ce simple nom de Marie Chanut, nous sommes loin de croire modifier avantageusement ce qui se rattache à la naissance de Chapelle. Il est, au contraire, très probable que ce fut la situation de sa mère comme femme mariée qui empêcha M. Luillier de le reconnoître pour son fils aussitôt qu'il l'auroit voulu. En tout, cette circonstance particulière n'apporte aucun changement notable à l'existence sociale de Chapelle, qui fut ce qu'il fut par lui-même. Ce n'est donc là, tout simplement, qu'un point de biographie comme un autre; mais, pour remplir toutes nos obligations à cet égard, nous avons cru devoir le constater.

T. DE L.

PIÈCES DE BACHAUMONT.

BILLET
De la Levrette des Comtesses au Levron de M. de Bachaumont.

Je suis une Levrette assez âgée, mais avec autant de folie que Levrette que vous ayez hantée de votre vie; de sorte, monsieur le Levron, que, si vous voulez multiplier la levretterie françoise, vous prendrez, s'il vous plaît, la peine de venir jusqu'ici, où je vous attends avec une chaleur extrême. Mais venez-y de bonne grâce, sans qu'il soit besoin qu'on vous y mène en lesse.

RÉPONSE
DU
Levron a la Levrette des Comtesses.

Notre galanterie (1) fut hier si mal conduite qu'il est aisé de juger que les personnes qui s'en mêlèrent ne sont pas souvent employées en de pareils commerces (2). Votre laquais, qui ne put jamais s'expliquer, vous tenoit de si mauvaise grâce que mon conseil ne vous jugea pas digne de moi ; mais un billet qui me fut donné de votre part ensuite me fit connoître que, si vous n'étiez pas extrêmement belle, au moins vous aviez infiniment de l'esprit. Je ne l'eus pas plus tôt lu qu'il me prit une furieuse envie de vous entretenir, et, si l'on ne vous eût remportée si vite, nous serions à présent en bonne intelligence, et je ne serois pas en peine de vous aller faire des excuses cette après-dîner. Cependant, pour ne vous point surprendre,

---

(1) Ancienne copie manuscrite : « Votre galanterie. »

(2) Copie manuscrite : « Employées en semblables commerces. »

PIÈCES DE BACHAUMONT.

je veux vous dire au vrai ma naissance, mon humeur, et de quelle manière je suis fait, afin que vous me mandiez sincèrement si je serai le bienvenu.

    Je suis fils du galant Gricour
    Et de l'amoureuse Melisse,
    Qui tous deux moururent d'amour.
    Feu mon père est mort au service
    De cent levrettes de la cour;
    Et ma mère a perdu le jour
    Pour avoir aimé par caprice
    Un gros mâtin de basse-cour (1).

    J'ai la taille souple et jolie,
    Le poil aussi doux que du lin
    Et de la couleur d'une pie.
    Je saute mieux que Cardelin (2).
    Quand j'aime, je suis un lutin;

(1) Copie manuscrite, vers 4, 5 et 6; le troisième n'est suivi que d'un point et virgule :

    Feu mon père est mort au service
    De cent levrettes de la cour;
    Ma mère, plus encline au vice,
    Pour, etc.

Recueil de pièces en prose de Sercy, 1661. Vers 5 :

    De cent levrettes tour à tour.

Vers 7 :

    Pour avoir souffert par caprice.

(2) Copie man., vers 2 et 3 :

    Le poil d'un père jacobin,
    C'est, on dira, comme une pie.

> Ma foi, ce n'est point raillerie ;
> Et, pour vous dire tout enfin,
> Je vaux le roi d'Ethiopie.

Sans me flatter, voilà mon portrait (1), que je vous envoie. S'il vous plaît, il ne tiendra qu'à vous de multiplier la levretterie françoise (2).

> Mais, au reste, on m'a fait entendre (3)
> Que vous aviez de beaux enfants,
> Plus mignons que vous, et moins grands :
> N'auriez-vous pas besoin d'un gendre?

Comme vous êtes un peu âgée, je pense qu'il vaudroit bien autant multiplier avec eux qu'avec vous ; mais que cela ne vous alarme point, vous seriez toujours servie la première : car, avec le talent du roi d'Ethiopie,

> On pourroit plaire à plus de trois,
> Et dans une même famille
> Tel galant a plus d'une fois
> Cajolé la mère et la fille.

---

(1) Recueil de Sercy : « Mon tableau. »

(2) Copie man. : « Il ne tiendra qu'à vous de vous servir de l'original. »

(3) Copie man., vers 1 :

> A propos, on m'a fait entendre.

RÉPONSE

De la Levrette des Comtesses
au Levron.

Après avoir lu tant d'aimables vers qui me venoient de votre part et la déclaration d'amour que vous me faites à cause que je suis spirituelle, j'ai avoué aussitôt que ce n'était pas sans rime ni sans raison que vous m'écriviez. J'ai fait de mon côté que ce ne sera pas aussi sans profit, et la meilleure preuve que je puisse vous en donner, c'est que depuis ce temps-là mon cœur n'a point eu de mouvements qui n'aient été pour vous. Tant que je serai sans vous posséder, votre billet doux fera mes plus chères délices. En vérité, il y a bien de l'apparence : car à toute heure je le tiens entre mes pattes, et il n'y a point de ligne que je n'aie baisée plus de cent fois. Ce qui m'y touche le plus, c'est que vous dites que vous valez le roi d'Ethiopie, et, tout de bon, cette qualité m'empêchera d'avoir jamais de la glace ni du rocher pour vous :

> Car, entre nous autres levrettes,
> Les âmes ne se gagnent pas

Avecque de douces fleurettes.
Il faut bien de plus forts appas
Pour franchir, en nos amourettes,
Ce que l'on appelle le pas.

Ma joie, néanmoins, a été mêlée de quelque chagrin quand vous m'avez reproché, en passant, que je n'étois pas extrêmement belle; mais si vous pouvez vous résoudre à ne me venir voir qu'après le soleil couché, je vous prouverai bien que tous chiens, aussi bien que tous chats, de nuit sont gris. Ce n'est pas que cela me feroit bien du tort; car vous ne verriez pas que j'ai les yeux fort éveillés, que je suis plus blanche que de la neige, et que l'isabelle n'a jamais été plus isabelle que sur moi. A la vérité je n'ai pas la tête fort mignonne, et je ne suis pas des mieux coiffées de ce monde, si ce n'est que je veuille dire que je la suis de vous; mais, en récompense de ces petits malheurs,

Je me sens consumer d'amour
Pour le fils du galant Gricour;
Et je cède le nom de belle,
Pour prendre celui de fidèle.

Jusqu'ici j'ai répondu à la meilleure partie de votre billet; il ne me reste plus qu'à vous satisfaire touchant mes filles. Je vous dirai franchement qu'elles ne sont pas encore en âge d'être mariées, et qu'outre cela une mère amoureuse ne songe pas à pourvoir ses filles. Je sais bien que, selon vous, avec le talent du roi d'Ethiopie,

On pourrait plaire à plus de trois;

mais, selon mon cœur, je ne souhaite point que vous plaisiez à d'autres qu'à moi. Ce n'est pas que j'aie rien à craindre de ce côté-là : car, comme je vaux bien deux douzaines de chiennes, je pense qu'il ne vous resteroit guère de chose, à vous qui, au plus, n'en pouvez aimer que cinq ou six à la fois.

CHANSON.

Le berger Aminte,
Tout brûlant d'amour,
Faisoit cette plainte
Aux échos d'alentour
La nuit et le jour.

Mon amour, Annette,
Peut bien te fâcher;
Et ma chansonnette,
Qui touche un rocher,
Ne te peut toucher!

Ces prés sans verdure,
Ces mourants troupeaux,
Et le doux murmure
De ces claires eaux,
Parlent de mes maux.

TRIOLET

Sur ce que durant un certain temps de la guerre civile de la Fronde les femmes n'étoient pas, à Paris, de trop difficile composition.

O Dieu! le bon temps que c'étoit
A Paris durant la famine!
Filles et femmes l'on baisoit.
O Dieu! le bon temps que c'étoit!
La plus belle se contentoit
D'un demi-boisseau de farine.
O Dieu! le bon temps que c'étoit
A Paris durant la famine!

LE DIVORCE

DE L'AMOUR ET DE L'HYMÉNÉE (1).

Vous, qui des lois de l'Hyménée
Savez si bien tous les malheurs,
Et qui souvent parmi vos pleurs
Avez maudit la destinée
Qui vous fit choisir un époux,
Malgré l'Amour et malgré vous ;
Belle Iris, les malheurs des autres
Doivent vous consoler des vôtres :
C'est un destin commun à tous.
Amour et l'Hymen, en querelle,
Depuis long-temps sont séparés.

---

(1) J'ai rétabli le moins mal que j'ai pu ce petit poème, dont je n'ai vu qu'une seule édition, très défectueuse. Beaucoup de vers y sont transposés ; il en manque même quelques uns. (*S.-Marc.*)

Ce morceau est tiré d'une assez singulière édition du *Voyage de Chapelle*, édition imprimée sans date, avec de simples faux-titres, et citée dans les catalogues comme une sorte de rareté.

Saint-Marc a rétabli, en effet, des transpositions choquantes. Quant aux vers dont il lui a plu de rem-

Lisez-en dans cette nouvelle
L'histoire, que vous ignorez.

Jadis l'Amour et l'Hyménée
Etoient frères et bons amis.
Trop heureux dans leur destinée
Ceux à qui le ciel a permis
De voir la saison fortunée
Où, parmi les nœuds les plus doux,
Une ardeur toujours mutuelle,
Toujours tendre et toujours fidèle,
Confondoit l'amant et l'époux !
Sitôt que l'Amour dans une âme
Avoit fait naître quelque flamme,
Hymen venoit la couronner.
Ces dieux, ainsi d'intelligence,
Eux deux seuls y faisoient régner
La paix, la joie et l'innocence ;
Mais l'union des deux enfants,
Egaux en attraits, en puissance,
Ne devoit pas durer long-temps.

Ce fut aux noces d'Elizène,
Qu'épousoit l'amoureux Ismène,

---

plir quelques lacunes, je crois devoir les laisser subsister, contrairement à ce que j'ai fait ailleurs, d'abord parceque cette pièce n'est pas assez certainement de Bachaumont pour que cela soit, comme dans le *Voyage*, une espèce de sacrilége ; ensuite et surtout parceque je n'ai pas, ainsi que je l'avois alors, le véritable texte à y substituer.

Qu'on les vit la dernière fois
Unir leur pouvoir et leurs droits.
Cette noce fut d'importance ;
Deux rois, pères des deux amants,
Pour montrer leur magnificence,
Célébrèrent leur alliance
Par mille divertissements.
Pour faire honneur à la couronne,
L'Amour et l'Hymen en personne
Vinrent pour serrer les beaux nœuds
Qui lioient ces amants heureux.
Jamais leur amitié fidèle
Ne parut tant que dans ce jour ;
Et jamais, la voyant si belle,
On n'eût cru qu'Hymen et l'Amour
Pussent jamais être en querelle.
Lorsqu'on mena les deux époux
Pour assister au sacrifice,
Dont l'effet heureux et propice
Au cœur des amants est si doux,
Ces jeunes dieux pleins d'allégresse
Charmèrent par cent tours d'adresse
Les yeux du peuple et de la cour.
Tantôt Hymen tenoit Ismène,
Laissant Elyzène à l'Amour,
Et tantôt lui-même, à son tour,
Folâtroit avec Elyzène.
Quelquefois tous deux embrassés
S'offroient aux yeux embarrassés (1).

(1) Il manquoit un vers en cet endroit. Celui-ci, quel qu'il soit, remplit un vide désagréable. (*S.-Marc.*)

L'air enfantin, la tresse blonde,
Changeant d'armes et de flambeau,
Ils trompoient si bien tout le monde
Par un spectacle si nouveau,
Que cent fois dans cette journée
On prit l'Amour pour l'Hyménée,
Et cent fois dans ce même jour
On crut qu'Hymen étoit l'Amour.

Le vieux roi père d'Elyzène,
Ravi de voir sa fille reine,
Et que ces dieux si bien unis
La combloient de biens infinis,
Songeant à sa dernière fille
Psyché, l'honneur de sa famille,
Le soir, quand on fut au festin,
Les prit toutes deux par la main,
Et fit entre eux asseoir la belle,
Croyant, par ce présage heureux,
Les obliger d'être pour elle
Encore mieux unis tous deux.

Psyché brilloit de mille charmes ;
Tous les cœurs lui rendoient les armes,
Et, la voyant en ce moment,
Chacun devenoit son amant.
Amour, sujet au badinage,
Folâtroit, parloit, la baisoit.
Hymen, plus discret et plus sage,
La regardoit et se taisoit.

Leur flamme commençoit à peine

Que l'on en remarqua l'ardeur,
Et, menant coucher Elyzène,
On s'aperçut de leur froideur.
L'Epouse marchant la première,
Ils regardoient toujours derrière
Pour trouver les yeux de Psyché;
Et, laissant la cérémonie,
Si tôt que l'époux fut couché,
Ils se faussèrent compagnie.
Ainsi de deux frères amis
La Beauté fit deux ennemis.
D'abord leur âme fut saisie
Et de haine et de jalousie,
Et, se voyant rivaux tous deux,
Chacun songea, faisant mystère,
Aux moyens de se rendre heureux
Sans en dire mot à son frère.

Hymen, rempli de bonne foi,
Crut, s'adressant au parentage,
Que, demandant Psyché, le roi
Consentiroit au mariage;
Et l'Amour, s'assurant du cœur,
Fier de ses traits et de ses charmes,
Crut aussi que tout son bonheur
Ne dépendoit que de ses armes.

Hymen, rempli de son dessein,
Voit le roi dès le lendemain,
Et demande Psyché pour femme.
Le roi, le voyant sans l'Amour,
Et craignant leur rivale flamme;

Le remit à la fin du jour,
Afin qu'un oracle fidèle
Terminât bientôt leur querelle.
Hymen, toujours sage et discret,
Y consentit, mais à regret (1).

Amour, averti de l'affaire,
Chez Apollon se transporta;
Tant d'amitié lui protesta,
Qu'il l'engagea dans le mystère,
Et ce dieu, pour plaire à ses vœux,
Rendit cet oracle fameux,
Que Psyché, cet objet aimable,
Conduite en un endroit affreux,
Attendroit un monstre effroyable
Que tous les dieux, dans leur courroux,
Avoient choisi pour son époux.

Le roi, comme pieux et sage,
Obéit, quoique outré de rage.
Psyché, dans la fleur de ses ans,
Fut conduite en triste équipage
Dans les bras du dieu des amants.
Hymen, affligé de l'oracle,
Respectant le décret des dieux,
La perdit sans y faire obstacle,
La suivant les larmes aux yeux;

(1) J'ajoute ce vers et le précédent pour qu'une rime féminine ne soit pas suivie d'une autre rime féminine d'espèce différente, l'auteur me paroissant avoir eu dessein d'être exact au mélange des rimes. (*S.-Marc.*)

Et l'Amour, caché dans la presse,
Rioit des pleurs et des soupirs
Qu'Hymen donnoit à la princesse
Qu'il alloit combler de plaisirs.
Ah ! que ce dieu trouva de charmes
A voir l'Hymen plein de douleur
Qui donnoit à Psyché des larmes
Qu'il ne devoit qu'à son malheur !

La nuit vint. Psyché fut laissée,
Avec la cruelle pensée
Qu'un monstre l'alloit dévorer.
Mais l'Amour, en des lieux si sombres,
Parmi le silence et les ombres,
Prit le soin de la rassurer.
Dans une demeure enchantée,
Au milieu de tous les plaisirs,
Sur l'aile des jeunes zéphyrs
Elle fut doucement portée ;
Et c'est dans cet heureux séjour
Que sans parents, sans Hyménée,
Seule, contente et fortunée,
Elle se rendit à l'Amour.
Le dieu, dans ce lieu solitaire
Goûtant le plaisir du mystère,
S'aperçut de tout son pouvoir,
Et s'étonna de sa foiblesse
D'attacher toujours sa tendresse
Aux lois d'Hymen et du devoir.

La nuit, leur seule confidente,
Cacha leurs feux d'un soin discret.

Mais Psyché, se voyant contente,
Ne put pas garder le secret.
Voulant que sa sœur Elysène
Fût témoin de tant de grandeur,
Elle fait venir cette reine,
Et lui déclare son bonheur,
Ignorant encor son vainqueur.

Hyménée, à cette nouvelle,
Commence de voir son erreur,
Et, par un conseil plein d'horreur,
Il fit tant, enfin, que par elle
Il fut assuré que l'Amour
Voyoit Psyché dans son séjour.
D'abord il avertit sa mère
Que son frère s'étoit caché.
Vénus, instruite de l'affaire,
S'en prend à la seule Psyché.
Par plus d'un tourment effroyable
Elle la veut faire mourir.
Le pauvre Amour, inconsolable,
Gémissoit de la voir souffrir,
Et, plein d'une juste colère,
Jura le *Styx*, serment des dieux,
Qu'il n'iroit plus avec son frère,
Et qu'il la suivroit en tous lieux,
Quelque chose que l'on pût faire (1).
Dans cet état si dangereux,

---

(1) Une raison pareille à celle de la note précédente m'a fait ajouter ce vers (*S.-Marc.*)

Sans décider lequel des deux
Psyché devoit prendre pour elle,
On lui déclara que la belle,
Pour remettre la paix entre eux,
Ne seroit à pas un des deux.

D'un autre côté, l'Hyménée,
Et plus modeste et plus discret,
Voyant sa triste destinée,
N'en jura pas moins en secret,
Et se promit, pour sa vengeance,
De tourmenter et désunir
Tous ceux qu'Amour, par sa puissance,
Prétendroit joindre à l'avenir.

Aussitôt la troupe immortelle,
Instruite de cette querelle,
Mariant l'Amour à Psyché,
Croyoit raccommoder l'affaire.
Mais les dieux ne le pouvoient faire;
Le mot de *Styx* étoit lâché.
De ce serment inviolable
Amour prétexta son courroux,
Et, demeurant inébranlable,
Il ne voulut point être époux.
Psyché demeura sa maîtresse.
Jamais époux, toujours amants,
Unis par leur seule tendresse,
Ils eurent de si doux moments,
Qu'Amour, pour tenir sa promesse,
N'eut plus besoin d'aucuns serments.
Il commença lors de connoître

Le doux plaisir d'être seul maître
Et de régner seul dans les cœurs,
Et, flatté de tant de puissance,
Il ne goûta plus de douceurs
Que celle de l'indépendance.

Hymen, d'abord, dans son courroux,
Crut se rendre bien redoutable
Donnant de sa main un époux
Pour rendre un amant misérable ;
Mais, quand il vit ses plus beaux jours
Marqués de soupirs et de larmes,
Et que l'Amour venoit toujours
Y mêler de tristes alarmes,
Il connut que les plus doux nœuds,
Lorsque l'Amour ailleurs engage,
N'avoient au plus que l'avantage
De faire bien des malheureux.
N'osant leur montrer sa foiblesse,
Afin d'avoir toujours la presse
A ses tristes solennités,
Il fit inventer par adresse
Ces folles inégalités
De rang, d'éclat et de richesse,
Et mit encore à ses côtés
La Raison, l'Honneur, la Sagesse.

Mais l'Amour, malgré tant d'appui,
Fut seul encor plus fort que lui.
Il rit de leurs folles intrigues,
Dédaignant l'Hymen et ses brigues,
Et, loin d'en être plus soumis,

Il se flatte de plus de gloire
A remporter seul la victoire
Sur tant de puissants ennemis.

Voilà la source infortunée
D'où naquit la division
Qui rompit la belle union
De l'Amour et de l'Hyménée.
Le temps n'a fait que l'augmenter.
Tous deux, appliqués à se nuire
Et travaillant à se détruire,
Se plaisent à se tourmenter.
On ne les voit jamais ensemble.
Les époux que l'Hymen assemble
Sont à peine unis un seul jour,
Amour les quitte et les sépare;
Et l'Hyménée, aussi barbare,
Sitôt qu'il peut avoir son tour,
Sépare ce qu'unit l'Amour.
Que d'ennuis, de maux et de plaintes,
Que de tourments et de contraintes
Leur querelle nous coûte à tous,
Et que ces dieux, par leurs caprices,
Causent de rigoureux supplices
Aux amants ainsi qu'aux époux !

Mais l'Hymen, quoi qu'il puisse faire,
Est toujours le plus malheureux;
Tout le monde maudit ses nœuds,
Parceque Amour leur est contraire.
Sans ce Dieu, les plus doux moments
Sont pleins de troubles et d'alarmes,

Et l'Amour seul, avec ses charmes,
Suffit au bonheur des amants.

Profitez de cette querelle,
Vous que l'Hymen fit tant souffrir
Que l'on vous vit prête à périr
Sous sa loi pénible et cruelle,
Et, pour vous venger, dès ce jour
Prenez le parti de l'Amour.

FIN DES PIÈCES DE BACHAUMONT.

TABLE DES PIÈCES

CONTENUES DANS CE VOLUME.

	Pages
Notice.	5
Voyage de Chapelle et de Bachaumont. .	47

OEuvres de Chapelle.

Épigramme en réponse à Despréaux. . .	103
Lettre au duc de Nevers.	104
Lettre deuxième au même.	109
Lettre troisième.	112
Lettre en vers à M. ***.	119
Lettre à M. Moreau.	122
Description de Saint-Lazare.	124
Sonnet à M. Moreau.	129
Épigramme contre Ménage.	130
Fragment de chanson sur Boucingo. . .	131
Lettre en vers de Chapelle à sa maîtresse.	132

Epitaphe d'un chien. 135
Stances au moineau de Climène. 137
Placet en vers au comte du Lude. 140
Rondeau (Marotte n'est). 142
Lettre en prose et en vers, à la duchesse
    de Bouillon. 143
L'hiver, à l'abbé de Chaulieu. 145
Lettre en vers à M. Carré, pendant la
    Fronde 148
Lettre en vers à Damon, concernant Ninon. 151
L'ombre de Daphnis. 153
Ballade pour Mlle de L'Enclos (Ninon). . 155
Lettre en vers à la même. 157
Sonnet concernant Ninon. 159
Sonnet à Ninon. 160
Epigramme contre Ninon. 161
Lettre en vers écrite de La Bourdaisière. 163
Stances sur une éclipse de soleil. 166
Lettre en vers à MM. de Nantouillet et de
    Sercelles 169
Stances contre l'usage des rideaux. . . . 173
Épigramme à Philis. 176
Ode sur l'hiver. 177
Rondeau de l'abbé de Chaulieu. 179
Rondeau à M. de Jussac. 180
A M. d'Assoucy, sur ses œuvres mêlées. . 181
Inscription pour le portrait de d'Assoucy. 183
Lettre à Mlle de Saint-Christophe. 184
Couplet à Despréaux. 188
Lettre en vers au père de Morillon. . . . 189
Rondeau sur l'abbé de Chaulieu. 192
Fragments d'une ode faite à Rome. . . . 193

DES PIÈCES. 283

Parodie d'un air de Lulli. 194
Lettre en vers à ***. 195
Extrait d'une lettre en prose et en vers à
   Molière. 198
Lettre en prose et en vers à Molière. . . 201
Rondeau sur les métamorphoses d'Ovide. 205
Lettre en vers au marquis de Jonzac. . . 206
Sonnet au même. 211
Lettre en stances au duc de Saint-Aignan. 212
Réponse du duc de Saint-Aignan. 216
Stances du duc de Saint-Aignan au duc de
   Vendôme 219
Réponse pour le duc de Vendôme. . . . 221
Madrigal au duc de Vendôme. 224
Fragment d'une ode sur Orphée 225
Ode pour le comte de S 227
Lettre en vers au marquis d'Effiat. . . . 231
Chant royal sur le mariage de Mademoi-
   selle avec le roi d'Espagne. 235
Lettre en vers au marquis d'Effiat. . . . 239
Stances au roi sur son départ pour l'armée. 248
Lettre latine de Chapelle à Gassendi. . . 251

Pièces de Bachaumont.

Billet de la levrette des comtesses au levron de Bachaumont. 259
Réponse du levron. 260

Table des Pièces.

Réponse de la levrette des comtesses... 263
Chanson 266
Triolet 267
Le divorce de l'Amour et de l'Hyménée.. 268

Fin de la Table.

Errata.

Page 140, vers 14 : *qui*, lisez *que*.
Page 190, vers 9 : *nompareille*, lisez *non pareille*.

CATALOGUE

DE LA

BIBLIOTHÈQUE ELZEVIRIENNE

ET DES AUTRES OUVRAGES

DU FONDS DE P. JANNET

PARIS

Chez P. JANNET, Libraire

Rue de Richelieu, 15

1er novembre 1855

	Pages.
Préliminaires.	1
Théologie.	7
Morale.	7
Beaux-Arts.	8
Poésie.	9
Théâtre.	12
Romans et Contes.	19
Facéties.	20
Histoire.	21
Mélanges.	22
Ouvrages divers.	26
Le Blanc, Maurepas.	31
Loret.	32

AVERTISSEMENT.

Lorsque j'entrepris, il y a près de trois ans, la publication de la *Bibliothèque elzevirienne*, je m'étais posé ce problème :
« Publier une collection d'ouvrages d'é-
» lite, dignes de tous par leur exécution
» matérielle, à la portée de tous par la modicité de
» leur prix. »

Jusque alors, les curiosités littéraires du genre de celles qui doivent composer en grande partie la *Bibliothèque elzevirienne* n'étaient — lorsqu'on les publiait — tirées qu'à un très petit nombre d'exemplaires, destinés à des amateurs riches et fervents. La rareté native et le prix exorbitant de ces publications les rendaient inabordables pour le plus grand nombre des lecteurs, et particulièrement pour ceux qui lisent pour les autres : les littérateurs ne sont pas tous assez riches pour acheter des livres sans regarder au prix.

En présence du mouvement qui porte la génération actuelle vers l'étude sérieuse des mœurs, de la littérature et de l'histoire du passé, je crus faire une chose utile en vulgarisant, autant qu'il serait en mon pouvoir, les documents propres à faciliter cette étude.

Malgré ma foi dans la possibilité de créer un public nouveau pour ce genre de livres, je crus devoir faire de mon mieux pour satisfaire les goûts du public déjà existant, goûts que je partage d'ailleurs : je trouve qu'un bon texte ne perd rien à être imprimé avec un certain luxe.

Le luxe dans les livres, je l'entends à ma manière.

Peu de texte dans un grand format, sur de beau papier très blanc, brillant, glacé, satiné — mais brûlé, cassant, d'une qualité déplorable — ce n'est pas là mon fait. Le format, je le veux commode ; le papier, je le veux solide avant tout ; du texte, j'en veux pour mon argent. Qu'il soit net, lisible sans fatigue, et cela me suffit.

Au point de vue des résultats — je ne parle pas des moyens — l'art d'imprimer les livres a fait peu de progrès depuis deux siècles. Les petits volumes sortis des presses des Elzevier auront long-temps encore de nombreux admirateurs. En donnant à ma collection le nom de ces imprimeurs illustres, j'ai compris l'étendue des obligations que je m'imposais. J'ai fait de mon mieux pour ne pas rester trop au dessous de mes modèles J'ai fait fondre des caractères, graver des ornements, fabriquer du papier, modifier des presses. Les éloges que des amateurs d'une autorité considérable ont bien voulu donner à mes petits livres me prouvent que je suis dans la bonne voie. Je tâcherai d'atteindre le but.

Si le format et l'exécution matérielle de mes volumes ont trouvé des approbateurs, l'entreprise en elle-même a été bien accueillie. Le public sur lequel je comptais a répondu à mon appel ; son concours m'a permis d'entreprendre la publication d'un assez grand nombre de volumes, qui sont sous presse ou en préparation.

Je ne crois pas nécessaire de donner un catalogue détaillé des ouvrages que je me propose de faire entrer dans la *Bibliothèque elzevirienne*. Il suffit de rappeler le plan général. Cette collection doit se composer : 1° d'ouvrages anciens, inédits ou rares, utiles pour l'étude des mœurs, de la littérature ou de l'histoire ; 2° des ouvrages antérieurs au XVIII° siècle qui jouissent d'une réputation méritée. Les ouvrages postérieurs au XVII° siècle ne seront admis que par exception.

D'ailleurs, chaque volume qui paraît jette un nouveau jour sur le plan que je me suis tracé. Ainsi j'ai publié :

MORALISTES. *La Rochefoucauld, La Bruyère, le Livre du chevalier de la Tour*, qui serait mieux placé parmi les conteurs. Plus tard je donnerai *Montaigne, Charron, Vauvenargues*.

BEAUX-ARTS. *Mémoires pour servir à l'histoire de l'Academie de peinture. — Le livre des peintres et graveurs.* J'ai d'autres ouvrages du même genre à faire paraître.

POÉSIE. *Recueil de poésies des XVe et XVIe siècle, Les Memoriaux de Saint-Aubin des Bois, Villon, Roger de Collerye, Regnier, Saint-Amant, Senecé, Chapelle et Bachaumont.* J'ai sous presse ou en préparation : *Gerard de Rossillon*, poème provençal ; plusieurs *Chansons de gestes*, entre autres *Regnault de Montauban*, en 17,000 vers ; divers recueils importants ; *Matheolus, Coquillart, Gringore, Clément Marot, Vauquelin de la Fresnaye, Desportes, Du Bellay, le Roman de la Rose*, et quelques autres.

THÉATRE. Six volumes de l'*Ancien Théâtre françois.* A côté de cette collection, je donnerai les œuvres de *Molière, Corneille, Racine*, etc.

ROMANS ET CONTES. *Melusine, Jean de Paris, le Roman bourgeois, Don Juan de Vargas, Six mois de la vie d'un jeune homme, Hitopadésa.* J'ai en préparation plusieurs autres romans et une suite considérable de conteurs.

FACÉTIES. *Morlini, les Quinze joyes de mariage, la Nouvelle fabrique des excellents traits de verité, les Evangiles des Quenouilles, les Caquets de l'Accouchée.* J'ai sous presse ou en préparation : *Rabelais, Tabourot*, et beaucoup d'autres.

HISTOIRE. L'*Histoire notable de la Floride*, les *Aventures du baron de Fæneste*, les *Mémoires de la*

Marquise de Courcelles. J'ai sous presse quelques autres relations de voyages, les *Souvenirs de Madame de Caylus,* les *Mémoires de Madame de la Guette,* et en préparation plusieurs ouvrages intéressants.

Paris, le 1ᵉʳ novembre 1855.

P. Jannet.

AVIS IMPORTANT
(du 15 février 1855)

Les volumes de la Bibliothèque elzevirienne *sont imprimés sur papier collé et très chargés d'encre : il est difficile de les relier tout de suite sans les maculer. D'un autre côté, leur couverture en papier blanc perd promptement sa fraîcheur, et on ne peut les garder long-temps brochés. J'ai pris le parti de faire couvrir ces volumes d'un élégant cartonnage en toile, à la manière anglaise, ce qui permettra aux amateurs soit de les garder toujours ainsi, soit de ne les faire relier que dans un an ou deux. A partir d'aujourd'hui, tous les volumes seront vendus cartonnés, non rognés et non coupés,* sans augmentation de prix. *Les personnes qui possèdent des volumes brochés non coupés pourront les échanger, sans frais, contre des volumes cartonnés ; quant aux volumes coupés, je me chargerai de les faire cartonner moyennant* 75 *centimes.*

BIBLIOTHÈQUE ELZEVIRIENNE

THÉOLOGIE.

SOUS PRESSE.

L'*Internelle Consolation*, première version françoise de l'Imitation de Jesus-Christ. Nouvelle édition, publiée par MM. L. Moland et Ch. d'Héricault. 1 vol.   5 fr.

MORALISTES.

EN VENTE.

R*éflexions, Sentences et Maximes morales* de La Rochefoucauld. Nouvelle édition, conforme à celle de 1678, et à laquelle on a joint les Annotations d'un contemporain sur chaque maxime, les variantes des premières éditions, et des notes nouvelles, par G. Duplessis. Préface par Sainte-Beuve. 1 vol. Prix :   5 fr.

Les Caractères de Théophraste, traduits du grec, avec les *Caractères ou les mœurs de ce siècle*, par La Bruyère. Nouvelle édition, collationnée sur les éditions données par l'auteur, avec toutes les variantes, une lettre inédite de La Bruyère et des notes littéraires et historiques, par Adrien Destailleur. 2 volumes. 10 fr.

Le Livre du chevalier de la Tour Landry pour l'enseignement de ses filles; publié d'après les manuscrits de Paris et de Londres, par M. Anatole de Montaiglon, membre résidant de la Société des Antiquaires de France. 5 fr.

BEAUX-ARTS.

EN VENTE.

Mémoires pour servir à l'Histoire de l'Académie royale de peinture et de sculpture, depuis 1648 jusqu'en 1664, publiés pour la première fois, d'après le manuscrit de la Bibliothèque Impériale, par M. Anatole de Montaiglon. 2 vol. 8 fr.

Épuisé. — Il ne reste plus que quelques exemplaires en *papier fort*, à 16 fr.

Le Livre des peintres et graveurs, par Michel de Marolles, abbé de Villeloin. Nouvelle édition, revue par M. Georges Duplessis. 1 vol. 3 fr.

POÉSIE.

EN VENTE.

ecueil de poésies françoises des XVe et XVIe siècles, morales, facétieuses, historiques, réunies et annotées par M. A. DE MONTAIGLON.

Tome I.   5 fr.

Ce volume contient :

1. Le Debat de l'homme et de la femme (par frère Guillaume Alexis).
2. Le Monologue des Nouveaulx Sotz de la joyeuse Bende.
3. Les Tenèbres de Mariage.
4. Les Ditz de maistre Aliborum, qui de tout se mesle.
5. S'ensuit le mistère de la saincte Lerme, comment elle fut apportée de Constantinople à Vendosme.
6. Les Regretz de messire Barthelemy d'Alvienne, et la Chançon de la defense des Venitiens.
7. La Patenostre des Verollez.
8. Varlet à louer à tout faire (par Christophe de Bordeaux, Parisien).
9. Chambrière à louer à tout faire (par le même).
10. S'ensuyvent les Regretz et Complainte de Nicolas Clereau, avec la mort d'iceluy (par Gilles Corrozet).
11. Dyalogue d'ung Tavernier et d'un Pyon, en françoys et en latin.
12. Le Pater noster des Angloys.
13. Le Doctrinal des nouveaux mariés.
14. La Piteuse desolation du monastère des Cordeliers de Maulx, mis à feu et bruslé.
15. Discours joyeux des Friponniers et Friponnières ensemble la Coufrairie desdits Friponniers et les Pardons de ladite Confrairie.
16. La vraye Medecine qui guarit de tous maux et de plusieurs autres.
17. La medecine de maistre Grimache, avec plusieurs

receptes et remèdes contre plusieurs et diverses maladies, toutes vrayes et approuvées.

18. La grande et triumphante Monstre et bastillon de six mille Picardz, faicte à Amiens, à l'honneur et louenge de nostre sire le Roy, le XX juing mil cinq cens XXXV.

19. La Replicque des Normands contre la Chanson des Picardz.

20. Les Contenances de table.

21. Le Testament de Martin Leuther.

22. Sermon joyeulx de la vie Saint Onguon, comment Nabuzarden, le maistre cuisinier, le fit martirer, avec les miracles qu'il faict chacun jour.

23. Les Commandemens de Dieu et du Dyable.

24. La Complaincte du nouveau marié, avec le Dit de Chascun, lequel marié se complainct des extenciles qui luy fault avoir à son mesnaige, et est en manière de chanson, avec la Loyauté des hommes.

25. De la Nativité de Monseigneur le Duc, filz premier de Monseigneur le Dauphin.

26. Sermon joyeulx d'un Ramonneur de cheminées.

27. Eglogue sur le retour de Bacchus, en laquelle sont introduits deux vignerons, assavoir : Colinot de Beaulne et Jaquinot d'Orleans, composé par Calvi de la Fontaine.

28. Les Ditz des bestes et aussy des oyseaulx.

29. La legende et description du Bonnet carré, avec les proprietez, composition et vertus d'icelluy.

30. Le Discours du trespas de Vert Janet.

31. Le Blason des Basquines et Vertugalles.

32. Les Souhaitz du monde.

Le tome II paraîtra le 15 novembre. La Collection formera quatre ou cinq volumes.

Chansons, ballades et rondeaux de Jehannot de LESCUREL, poète françois du XIVe siècle, publiés d'après le manuscrit unique, par M. A. DE MONTAIGLON. 1 vol. 2 fr.

OEuvres complètes de François VILLON. Nouvelle édition, revue, corrigée et mise en ordre, avec des notes historiques et littéraires, par P. L.-JACOB, bibliophile, 1 vol. 5 fr.

OEuvres complètes de ROGER DE COLLERYE.

Edition revue et annotée par M. Charles d'Héricault. 1 vol.   5 fr.

Extrait abrégé des vieux Memoriaux de l'abbaye de Saint-Aubin-des-Boys, en Bretagne. 1 vol.   2 fr.

OEuvres de Mathurin Regnier, avec les commentaires revus et corrigés, précédées de l'*Histoire de la Satire en France*, pour servir de discours préliminaire, par M. Viollet le Duc. 1 vol.   5 fr.

OEuvres complètes de Saint-Amant, revues et annotées par Ch. L. Livet, 2 vol.   10 fr.

OEuvres choisies de Senecé, revues sur les diverses éditions et sur les manuscrits originaux, par M. E. Chasles et P. A. Cap. 1 vol. 5 fr.

OEuvres de Chapelle et de Bachaumont. Nouvelle édition, revue et corrigée sur les meilleurs textes, notamment sur l'édition de 1732, précédée d'une notice par M. Tenant de Latour. 1 vol.   4 fr.

SOUS PRESSE :

Gerard de Rossillon, poème provençal, publié, d'après le manuscrit unique, par M. Francisque-Michel. 1 vol.   5 fr.

Le Livre de Matheolus. — Le Rebours de Matheolus. 2 vol.   10 fr.

OEuvres complètes de Pierre Gringore, avec des notes par MM. Anatole de Montaiglon et Charles d'Héricault. 4 vol.   20 fr.

OEuvres posthumes de Senecé, publiées d'après les manuscrits autographes, par M. Emile Chasles et P. A. Cap. 1 vol.   5 fr.

THÉATRE.

EN VENTE :

Ancien *théâtre françois*, ou Collection des ouvrages dramatiques les plus remarquables depuis les mystères jusqu'à Corneille, publié, avec des notices et éclaircissements.
Tomes I à VI. Chaque vol.   5 fr.

Les trois premiers volumes sont la reproduction d'un recueil unique conservé au Musée Britannique, à Londres, contenant 64 pièces dont voici les titres :

TOME .

1. Le Conseil du Nouveau marié, à deux personnages, c'est assavoir : le Mary et le Docteur.
2. Farce nouvelle, très bonne et fort joyeuse, du Nouveau marié qui ne peult fournir à l'appoinctement de sa femme, à quatre personnages, c'est assavoir : le Nouveau Marié, la Femme, la Mère et le Père.
3. Farce nouvelle, très bonne et fort joyeuse, de l'Obstination des femmes, à deux personnaiges, c'est assavoir : le Mari et la Femme.
4. Farce nouvelle, très bonne et fort joyeuse, du Cuvier, à troys personnages, c'est assavoir : Jaquinot, sa Femme et la Mère de sa femme.
5. Farce nouvelle, très bonne et fort joyeuse, à troys personnages, c'est assavoir : Jolyet, la Femme et le Père.
6. Farce nouvelle, à cinq personnaiges, des Femmes qui font refondre leurs maris, c'est assavoir : Thibault, Collart, Jennette, Pernette et le Fondeur.
7. Farce nouvelle et fort joyeuse du Pect, à quatre personnages, c'est assavoir : Hubert, la Femme, le Juge et le Procureur.
8. Farce nouvelle, très bonne et fort joyeuse, des

Femmes qui demandent les arrerages de leurs maris et les font obliger par *nisi*, à cinq personnages, c'est assavoir : le Mary, la Dame, la Chambrière et le Voysin.

9. Farce nouvelle d'ung Mary jaloux qui veult esprouver sa femme, à quatre personnages, c'est assavoir : Colinet, la Tante, le Mary et sa Femme.

10. Farce moralisée, à quatre personnaiges, c'est assavoir : deux Hommes et leurs deux Femmes, dont l'une a malle teste et l'autre est tendre du cul.

11. Farce nouvelle et fort joyeuse, à quatre personnages, c'est assavoir : le Mary, la Femme, le Badin qui se loue et l'Amoureux.

12. Farce nouvelle, très bonne et fort joyeuse, de Pernet qui va au vin, à troys personnaiges, c'est assavoir : Pernet, sa Femme et l'Amoureux.

13. Farce nouvelle, très bonne et fort joyeuse, d'un Amoureux, à quatre personnages, c'est assavoir : l'Homme, la Femme, l'Amoureux et le Medecin.

14. Colin qui loue et despite Dieu en ung moment à cause de sa femme, à troys personnages, c'est assavoir : Colin, sa Femme et l'Amant.

15. Farce nouvelle, très bonne et fort joyeuse, à quatre personnaiges, c'est assavoir : le Gentilhomme, Lison, Naudet, la Damoyselle.

16. Farce nouvelle à troys personnages, c'est assavoir : le Badin, la Femme et la Chambrière.

17. Farce nouvelle, très bonne et fort joyeuse, de Jeninot qui fist un roy de son chat, par faulte d'autre compagnon, en criant : Le roy boit ! et monta sur sa maistresse pour la mener à la messe, à troys personnaiges, c'est assavoir : le Mary, la Femme et Jeninot.

18. Farce nouvelle de frère Guillebert, très bonne et fort joyeuse, à quatre personnages, c'est assavoir : Frère Guillebert, l'Homme vieil, sa Femme jeune, la Commère.

19. Farce nouvelle, très bonne et fort joyeuse, de Guillerme qui mangea les figues du curé, à quatre personnaiges, c'est assavoir : le Curé, Guillerme, le Voysin et sa Femme.

20. Farce nouvelle, très bonne et fort joyeuse, de Jenin filz de rien, à quatre personnaiges, c'est as-

savoir : la Mère et Jenin, son fils, le Prestre et ung Devin.

21. La Confession Margot, à deux personnaiges, c'est assavoir : le Curé et Margot.

22. Farce nouvelle, très bonne et fort joyeuse, de George le Veau, à quatre personnaiges, c'est assavoir : George le Veau, sa Femme, le Curé et son Clerc.

TOME II.

23. Sermon joyeux de bien boire, à deux personnaiges, c'est assavoir : le Prescheur et le Cuysinier.

24. Farce nouvelle, très bonne et très joyeuse, de la Résurrection de Jenin Landore, à quatre personnaiges, c'est assavoir : Jenin, sa Femme, le Curé et le Clerc.

25. Farce nouvelle, fort joyeuse, du Pont aux Asgnes, à quatre personnages, c'est assavoir : Le Mary, la Femme, Messire *Domine de* et le Boscheron.

26. Farce nouvelle, très bonne et fort joyeuse, à troys personnages, d'un Pardonneur, d'un Triacleur et d'une Tavernière, c'est assavoir : le Triacleur, le Pardonneur et la Tavernière.

27. Farce nouvelle du Pasté et de la Tarte, à quatre personnaiges, c'est assavoir : deux Coquins, le Paticier et la Femme.

28. Farce nouvelle de Mahuet, badin, natif de Baignolet, qui va à Paris au marché pour vendre ses œufz et sa cresme, et ne les veult donner sinon au pris du marché, et est à quatre personnages, c'est assavoir : Mahuet, sa Mère, Gaultier et la Femme.

29. Farce nouvelle et fort joyeuse des Femmes qui font escurer leurs chaulderons et deffendent que on ne mette la pièce auprès du trou, à troys personnages, c'est assavoir : la première Femme, la seconde et le Maignen.

30. Farce nouvelle, très bonne et fort joyeuse, à troys personnages, d'un Chauldronnier, c'est assavoir : l'Homme, la Femme et le Chauldronnier.

31. Farce nouvelle, très bonne et fort joyeuse, à trois personnaiges, c'est assavoir : le Chaulderonnier, le Savetier et le Tavernier.

32. Farce joyeuse, très bonne et recreative pour rire, du Savetier, à troys personnaiges, c'est assa-

voir : Audin, savetier; Audette, sa Femme, et le Curé.

33. Farce nouvelle d'ung Savetier nommé Calbain, fort joyeuse, lequel se maria à une Savetière, à troys personnages, c'est assavoir : Calbain, la Femme et le Galland.

34. Farce nouvelle, à quatre personnaiges, c'est assavoir : le Cousturier, Esopet, le Gentilhomme et la Chamberière.

35. Farce nouvelle, très bonne et fort joyeuse, à troys personnaiges, c'est assavoir : Maistre Mimin le Gouteux, son varlet Richard le Pelé, sourd, et le Chaussetier.

36. Farce nouvelle d'ung Ramoneur de cheminées, fort joyeuse, à quatre personnaiges, c'est assavoir : le Ramoneur, le Varlet, la Femme et la Voysine.

37. Sermon joyeux et de grande value
A tous les foulx qui sont dessoubz la nue,
Pour leur monstrer à saiges devenir,
Moyennant ce, que, le temps advenir,
Tous sotz tiendront mon conseil et doctrine;
Puis conguoistront clèrement, sans urine,
Que le monde pour sages les tiendra,
Quand ils auront de quoy : notez cela.

38. Sottie nouvelle, à six personnaiges, c'est assavoir : le Roy des Sotz, Triboulet, Mitouflet, Sottinet, Coquibus, Guippelin.

39. Sottie nouvelle, à cinq personnages, des Trompeurs, c'est assavoir : Sottie, Teste Verte, Fine Mine, Chascun et le Temps.

40. Farce nouvelle, très bonne, de Folle Bobance, à quatre personnaiges, c'est assavoir : Folle Bobance, le premier Fol, gentilhomme ; le second Fol, marchant et le tiers Fol, laboureux.

41. Farce joyeuse, très bonne, à deux personnages, du Gaudisseur qui se vante de ses faictz, et ung Sot qui lui respond au contraire, c'est assavoir : le Gaudisseur et le Sot.

42. Farce nouvelle, très bonne et fort recreative pour rire, des cris de Paris, à troys personnaiges, c'est assavoir : le premier Gallant, le second Gallant et le Sot.

43. Farce nouvelle du Franc Archier de Baignolet.

44. Farce joyeuse de Maistre Mimin, à six personnages, c'est assavoir : le Maistre d'escolle; Maistre Mimin, estudiant; Raulet, son père; Lubine, sa mère; Raoul Machue, et la Bru Maistre Mimin.

45. Farce nouvelle, très bonne et fort joyeuse, à troys personnaiges, de Pernet qui va à l'escolle, c'est assavoir : Pernet, la Mère, le Maistre.

46. Farce nouvelle, très bonne et fort joyeuse, à troys personnaiges, c'est assavoir : la Mère, le Filz et l'Examinateur.

47. Farce nouvelle de Colin, filz de Thevot le Maire, qui vient de Naples et amène ung Turc prisonnier, à quatre personnaiges, c'est assavoir : Thevot le Mere, Colin son filz, la Femme, le Pelerin.

48. Farce nouvelle, à trois personnaiges, c'est assavoir : Tout Mesnaige, Besongne faicte, la Chamberière qui est malade de plusieurs maladies, comme vous verrez cy dedans, et le Fol qui faict du medecin pour la guarir.

49. Le Debat de la Nourrisse et de la Chamberière, à troys personnaiges, c'est assavoir : la Nourrisse, la Chamberière, Johannes.

50. Farce nouvelle des Chamberières qui vont à la messe de cinq heures pour avoir de l'eaue beniste, à quatre personnaiges, c'est assavoir : Domine Johannes, Troussetaqueue, la Nourrice et Saupiquet.

Tome III.

51. Moralité nouvelle des Enfans de Maintenant, qui sont des escoliers de Jabien, qui leur monstre à jouer aux cartes et aux dez et entretenir Luxures, dont l'ung vient à Honte, et de Honte à Desespoir, et de Desespoir au gibet de Perdition, et l'aultre se convertist à bien faire. Et est à trèze personnages, c'est assavoir : le Fol, Maintenant, Mignotte, Bon Advis, Instruction, Finet, premier enfant; Malduict, second enfant; Discipline, Jabien, Luxure, Honte, Desespoir, Perdition.

52. Moralité nouvelle, contenant
Comment Envie, au temps de Maintenant,
Fait que les Frères que Bon Amour assemble
Sont ennemys et ont discord ensemble,

Dont les parens souffrent maint desplaisir,
Au lieu d'avoir de leurs enfans plaisir.
Mais à la fin Remort de conscience,
Vueillant user de son art et science,
Les fait renger en paix et union
Et tout leur temps vivre en communion.

A neuf personnaiges, c'est assavoir : le Preco, le Père, la Mère, le premier Filz, le second Filz, le tiers Filz, Amour Fraternel, Envie, et Remort de conscience.

53. Moralité nouvelle d'ung Empereur, qui tua son nepveu qui avoit prins une fille à force ; et comment, ledict Empereur estant au lict de la mort, la sainte Hostie luy fut apportée miraculeusement. Et est à dix personnaiges, c'est assavoir : l'Empereur, le Chappelain, le Duc, le Conte, le Nepveu de l'Empereur, l'Escuyer, Bertaut et Guillot, serviteurs du Nepveu ; la Fille violée, la Mère de la Fille, avec la sainte Hostie qui se presenta à l'Empereur.

54. Moralité ou histoire rommaine d'une Femme qui avoit voulu trahir la cité de Romme, et comment sa Fille la nourrit six sepmaines de son lait en prison, à cinq personnaiges, c'est assavoir : Oracius, Valerius, le Sergent, la Mère et la Fille.

55. Farce nouvelle, fort joyeuse et morale, à quatre personnaiges, c'est assavoir : Bien Mondain, Honneur spirituel, Pouvoir Temporel, et la Femme.

56. Farce nouvelle, très bonne, morale et fort joyeuse, à troys personnaiges, c'est assavoir : Tout, Rien et Chascun.

57. Bergerie nouvelle, fort joyeuse et morale, de Mieulx que devant, à quatre personnaiges, c'est assavoir : Mieulx que devant, Plat Pays, Peuple pensif, et la Bergière.

58. Farce nouvelle moralisée des Gens Nouveaulx qui mangent le Monde et le logent de mal en pire, à quatre personnaiges, c'est assavoir : le Premier Nouveau, le Second Nouveau, le Tiers Nouveau, et le Monde.

59. Farce nouvelle, à cinq personnaiges, c'est assavoir : Marchandise et Mestier, Pou d'Acquest, le Temps qui court, et Grosse Despense.

60. La vie et l'histoire du Maulvais Riche, à traize personnaiges, c'est assavoir : le Maulvais Riche, la

Femme du Maulvais Riche, le Ladre, le Prescheur, Trotemenu, Tripet, cuisinier; Dieu le Père, Raphaël, Abraham, Lucifer, Sathan, Rahouart, Agrappart.

61. Farce nouvelle des Cinq Sens de l'Homme, moralisée et fort joyeuse pour rire et recréative, et est à sept personnaiges, c'est assavoir : l'Homme, la Bouche, les Mains, les Yeulx, les Piedz, l'Ouye et le Cul.

62. Debat du Corps et de l'Ame.

63. Moralité nouvelle, très bonne et très excellente, de Charité, où est demontré les maulx qui viennent aujourd'huy au Monde par faulte de charité, à douze personnaiges : le Monde, Charité, Jeunesse, Vieillesse, Tricherie, le Pouvre, le Religieux, la Mort, le Riche Avaricieux et son Varlet, le Bon Riche Vertueux, et le Fol.

64. Le Chevalier qui donna sa Femme au Dyable, à dix personnaiges, c'est assavoir : Dieu le Père, Nostre Dame, Gabriel, Raphael, le Chevalier, sa Femme, Amaury, escuyer; Anthenor, escuyer; le Pipeur, et le Dyable.

Le tome IV contient les œuvres dramatiques d'Etienne Jodelle; les *Esbahis*, de Jacques Grevin; la *Reconnue*, de Remy Belleau. Les tomes V et VI contiennent les huit premières comédies de Pierre de Larivey. La dernière pièce fera partie du tome VII.

Ce Recueil sera complet en dix volumes. Le dernier volume contiendra un Glossaire.

Histoire de la vie et des ouvrages de CORNEILLE, par M. J. TASCHEREAU. 1 vol.   5 fr.

Introduction aux *OEuvres complètes de Pierre* CORNEILLE, qui sont sous presse et formeront 6 vol. à 5 fr.

SOUS PRESSE :

Mystère de la Passion, par Arnoul GRÉBAN, publié d'après les manuscrits, par MM. C. d'HÉRICAULT et L. MOLAND. 3 vol.   15 fr.

ROMANS ET CONTES.

EN VENTE :

Melusine, par Jehan d'Arras; nouvelle édition, publiée d'après l'édition originale de Genève, 1478, in-fol., par M. Ch. BRUNET. 1 vol.   5 fr.

Le Roman bourgeois, ouvrage comique, par Antoine FURETIÈRE. Nouvelle édition, avec des notes historiques et littéraires par M. Edouard FOURNIER, précédée d'une Notice par M. Ch. ASSELINEAU. 1 vol.   5 fr.

- *Six mois de la vie d'un jeune homme* (1797), par VIOLLET LE DUC. 1 vol.   4 fr.

Les Aventures de Don Juan de VARGAS, racontées par lui-même, traduites de l'espagnol sur le manuscrit inédit, par Charles NAVARIN. 1 vol.   3 fr.

Hitopadésa, ou l'instruction utile, recueil d'apologues et de contes, traduit du sanscrit, avec des notes historiques et littéraires et un Appendice contenant l'indication des sources et des imitations, par M. Ed. LANCEREAU, membre de la Société Asiatique. 1 vol.   5 fr.

FACÉTIES.

EN VENTE :

 ORLINI *novellæ, fabulæ et comœdia*. Editio tertia, emendata et aucta. 1 vol.   5 fr.

Les quinze Joyes de mariage. Nouvelle édition, conforme au manuscrit de la Bibliothèque publique de Rouen, avec les variantes des anciennes éditions et des notes. 1 vol.   3 fr.

Les Evangiles des Quenouilles. Nouvelle édition, revue sur les éditions anciennes et les manuscrits, avec Préface, Glossaire et Table analytique. 1 vol.   3 fr.

La Nouvelle Fabrique des excellens traits de verité, par Philippe D'ALCRIPE, sieur de Neri en Verbos. Nouvelle édition, augmentée des *Nouvelles de la terre de Prestre Jehan*. 1 vol.   4 fr.

Recueil general des Caquets de l'Accouchée. Nouvelle édition, revue sur les pièces originales et annotée par M. Edouard FOURNIER, avec une Introduction par M. LE ROUX DE LINCY. 1 vol.   5 fr.

SOUS PRESSE :

OEuvres de RABELAIS, seule édition conforme aux derniers textes revus par l'auteur, avec les variantes des anciennes éditions, des notes et un Glossaire. 2 vol.   10 fr.

HISTOIRE.

EN VENTE :

Histoire notable de la Floride, contenant les trois voyages faits en icelle par certains capitaines et pilotes françois, descrits par le capitaine LAUDONNIÈRE ; à laquelle a été ajousté un *Quatriesme voyage*, fait par le capitaine GOURGUES. 1 volume.   5 fr.

    Epuisé. Il reste quelques exemplaires papier fort au prix de 10 fr.

Les Aventures du baron de Fæneste, par Théodore-Agrippa D'AUBIGNÉ. Edition revue et annotée par M. Prosper MÉRIMÉE, de l'Académie françoise. 1 volume.   5 f.

Mémoires de la Marquise de Courcelles, écrits par elle-même, précédés d'une notice et accompagnés de notes par M. Paul POUGIN. 1 vol. 4 fr.

SOUS PRESSE :

Mémoires de Madame de la Guette. Edition revue et annotée par M. C. MOREAU. 1 vol. 5 fr.

Souvenirs de madame de Caylus. 1 vol.

Journal de Jean Georges Wille (1759-1793), publié pour la première fois, avec des notes par MM. Edmond et Jules de GONCOURT et M. G. DUPLESSIS. 2 vol.   10 fr.

MÉLANGES.

EN VENTE :

*ariétés historiques et littéraires*, recueil de pièces volantes rares et curieuses, en prose et en vers, avec des Notes par M. Edouard FOURNIER. Le volume. 5 fr.

Le 1er volume contient :

1. Ensuit une remonstrance touchant la garde de la librairie du Roy, par Jean Gosselin, garde d'icelle librairie.
2. Le Diogène françois, ou les facetieux discours du vray anti-dotour comique blaisois.
3. Histoires espouvantables de deux magiciens qui ont esté estranglez par le diable, dans Paris, la semaine saincte.
4. Discours faict au parlement de Dijon sur la presentation des Lettres d'abolition obtenues par Helène Gillet, condamnée à mort pour avoir celé sa grossesse et son fruict.
5. Histoire veritable de la conversion et repentance d'une courtisanne venitienne.
6. Les singeries des femmes de ce temps descouvertes et particulièrement d'aucunes bourgeoises de Paris.
7. La Chasse et l'Amour, à Lysidor.
8. Dialogue fort plaisant et recreatif de deux marchands : l'un est de Paris, et l'autre de Poutoise, sur ce que le Parisien l'avoit appelé Normand.
9. Discours prodigieux et espouvantable de trois Espaignols et une Espagnolle, magiciens et sorciers, qui se faisoient porter par les diables de ville en ville.
10. Histoire admirable et declin pitoyable advenu en la personne d'un favory de la cour d'Espagne.
11. Examen sur l'inconnue et nouvelle caballe des frères de la Rozée-Croix.
12. Role des presentations faictes au Grand Jour de l'Eloquence françoise.

13. Recit veritable du grand combat arrivé sur mer, aux Indes Occidentales, entre la flotte espagnole et les navires hollandois, conduits par l'amiral Lhermite, devant la ville de Lyma, en l'année 1624.

14. Discours veritable de l'armée du très vertueux et illustre Charles, duc de Savoye et prince de Piedmont, contre la ville de Genève.

15. Histoire miraculeuse et admirable de la contesse de Hornoc, flamande, estranglée par le diable, dans la ville d'Anvers, pour n'avoir trouvé son rabat bien godronné, le 15 avril 1616.

16. Discours au vray des troubles naguères advenus au royaume d'Arragon.

17. Recit naïf et veritable du cruel assassinat et horrible massacre commis le 26 aoust 1652, par la Compagnie des frippiers de la Tonnellerie, en la personne de Jean Bourgeois.

18. Les Grands Jours tenus à Paris par M. Muet, lieutenant du petit criminel.

19. La revolte des Passemens.

20. Ordonnance pour le faict de la police et reglement du camp.

21. Combat de Cyrano de Bergerac avec le singe de Brioché, au bout du Pont-Neuf.

22. La prinse et deffaicte du capitaine Guillery.

23. Le bruit qui court de l'Espousée.

24. La conference des servantes de la ville de Paris.

25. Le triomphe admirable observé en l'aliance de Betheleem Gabor, prince de Transilvanie, avec la princesse Catherine de Brandebourg.

26. La descouverture du style impudique des courtisannes de Normandie à celles de Paris, envoyée pour estrennes, de l'invention d'une courtisanne angloise.

27. La Rubrique et fallace du monde.

28. Plaidoyers plaisans dans une cause burlesque.

29. Les merveilles et les excellences du Salmigondis de l'aloyau, avec les Confitures renversées.

Le second volume contient :

1. Mémoire sur l'état de l'Académie françoise, remis à Louis XIV vers l'an 1696.

2. Le Miroir de contentement, baillé pour estrenne à tous les gens mariez.

3. Le Patissier de Madrigal en Espagne, estimé estre Dom Carles, fils du roy Philippe.

4. Discours sur l'apparition et faits pretendus de l'effroyable Tasteur, dédié à mesdames les poissonnières, harengères, fruitières et autres qui se lèvent le matin d'auprès de leurs maris, par l'Angoulevent.

5. La Destruction du nouveau moulin à barbe.

6. Dissertation sur la veritable origine des moulins à barbe.

7. Les cruels et horribles tormens de Balthazar Gerard, Bourguignon, vray martyr, souffertz en l'execution de sa glorieuse et memorable mort, pour avoir tué Guillaume de Nassau, prince d'Orenge.

8. Histoire des insignes faussetez et suppositions de Francesco Fava, medecin italien.

9. Histoire véritable et divertissante de la naissance de mie Margot et de ses aventures.

10. Le Caquet des poissonnières sur le departement du roy et de la cour.

11. La Moustache des filous arrachée, par le sieur du Laurens.

12. Accident merveilleux et espouvantable du desastre arrivé le 7 mars 1618 d'un feu inremediable lequel a bruslé et consommé tout le Palais de Paris.

13. Ordonnances generales d'amour.

14. L'Adieu du Plaideur à son argent.

15. Rencontre et naufrage de trois astrologues judiciaires, Mauregard, J. Petit et P. Larivey, nouvellement arrivez en l'autre monde.

16. Discours de l'inondation arrivée au fauxhourg S.-Marcel-lez-Paris, par la rivière de Bièvre, 1625.

17. La Permission aux servantes de coucher avec leurs maistres; ensemble l'arrest de la part de leurs maistresses.

18. La Muse infortunée contre les froids amis du temps.

19. Remonstrance aux nouveaux mariez et mariées et ceux qui desirent de l'estre, ensemble pour cognoistre les humeurs des femmes.

20. Le Tocsin des filles d'amour.

21. Plaisant galimatias d'un Gascon et d'un Provençal, nommez Jacques Chagrin et Ruffin Allegret.

22. Particularitez de la conspiration et la mort du chevalier de Rohan, de la marquise de Villars, de Van den Ende, etc.

23. Cartels de deux Gascons et leurs rodomontades, avec la dissection de leur humeur espagnole.
24. Le Hazard de la Blanque renversé et la consolation des marchands forains.
25. Sermon du Cordelier aux Soldats, ensemble la responce des soldats au cordelier.
26. L'Ouverture des jours gras, ou l'entretien du carnaval.
27. Histoire veritable du combat et duel assigné entre deux demoiselles sur la querelle de leurs amours.
28. L'Innocence d'amour, à Lysandre.

Le tome III paraîtra incessamment.

OUVRAGES DE DIFFÉRENTS FORMATS.

Bibliographie lyonnaise du xv° siècle, par M. A. Péricaud aîné. Nouv. édit. *Lyon*, imprimerie de Louis Perrin, 1851, in-8. 1re partie. 7 50
    2e partie, in-8. 4 »
    3e partie. 2 »

Bibliotheca scatologica, ou Catalogue raisonné des livres traitant des vertus, faits et gestes de très noble et très ingénieux Messire Luc (à Rebours), seigneur de la Chaise et autres lieux, mêmement de ses descendants et autres personnages de lui issus. Ouvrage traduit du prussien et enrichi de notes très congruantes au sujet, par trois savants *en us*. In-8. 15 »

Catalogue de la bibliothèque lyonnaise de M. Coste, rédigé et mis en ordre par Aimé Vingtrinier, son bibliothécaire. *Lyon*, 1853, 2 vol. gr. in-8. (18,641 articles.) 12 »

Catalogue des livres imprimés, manuscrits, estampes, dessins et cartes à jouer composant la bibliothèque de M. C. Leber, avec des notes par le collecteur. Tome IV, contenant le supplément et la table des auteurs et des livres anonymes. *Paris*, 1852, in-8. avec 6 fig. 8 »
    Grand papier, fig. col. 25 »
    Grand papier vélin, fig. col. 30 »

Choix de fables de La Fontaine, traduites en vers basques par J.-B. Archu. *La Réole*, 1848, in-8. 7 50

Chronique et hystoire faicte et composee par reverend pere en Dieu Turpin, contenant les prouesses et faictz darmes advenuz en son temps du tres magnanime Roy Charlemaigne, et de son nepveu Raouland. (*Paris*, 1835,) in-4. goth. à 2 col., avec lettres initiales fleuries et tourneures. 20 »
    Pap. de Hollande. 25 »

Dialogue (le) du fol et du sage. (*Paris*, 1833,) pet. in-8. goth. 9 »
    Pap. de Holl. (à 10 exempl.). 12 »
    Pap. de Chine (à 4 exempl.). 15 »
Dialogue facetieux d'un gentilhomme françois se complaignant de l'amour, et d'un Berger qui, le trouvant dans un bocage, le reconforta, parlant à luy en son patois. Le tout fort plaisant. *Metz*, 1671 (1847), in-16. oblong. 9 »
Dictionnaire pour l'intelligence des auteurs classiques, grecs et latins, tant sacrés que profanes, par Fr. Sabbathier. *Paris*, 1815, in-8. (T. 37e et dern.) 6 »
Dit (le) de menage, pièce en vers, du XIVe siècle, publiée pour la première fois par M. G.-S. Trebutien. *Paris*, 1835,) in-8. goth. 2 50
    Pap. de Holl. 4 »
Dit (un) daventures, pièce burlesque et satirique du XIIIe siècle, publiée pour la première fois par M. G.-S. Trebutien. (*Paris*, 1835,) in-8. goth. 2 50
    Pap. de Holl. 4 »
Essai synthétique sur l'origine et la formation des langues (par Copineau). *Paris*, 1774, in-8. 4 »
Histoire des campagnes d'Annibal en Italie pendant la deuxième guerre punique, suivie d'un abrégé de la tactique des Romains et des Grecs, par Fréd. Guillaume, général de brigade. *Milan*, de l'impr. Royale, 1812, 3 vol. gr. in-4. et atlas de 49 planch. gr. in-fol. 20 »
Histoire du Mexique, par Don Alvaro Tezozomoc, trad. sur un manuscrit inédit par H. Ternaux-Compans. *Paris*, 1853, 2 vol. in-8. 15 »
Lai d'Ignaures, en vers, du XIIe siècle, par Renaut, suivi des lais de Melion et du Trot, en vers, du XIIIe siècle, publiés pour la première fois par MM. Monmerqué et Francisque Michel. *Paris*, 1832, gr. in-8. pap. vél., avec deux *fac-simile* color. 9 »
    Pap. de Holl. 15 »
    Pap. de Chine. 15 »

Lanternes (Les), histoire de l'ancien éclairage de Paris, par Edouard Fournier, suivie de la réimpression de quelques poèmes rares (Les nouvelles Lanternes, 1745. — Plaintes des filoux et écumeurs de bourses contre nosseigneurs les reverbères, 1769. — Les Ambulantes à la brune contre la dureté du temps, 1769. — Les Sultanes nocturnes, 1769). *Paris*, 1854, in-8. 2 fr.

Lettre d'un gentilhomme portugais à un de ses amis de Lisbonne sur l'exécution d'Anne Boleyn, publiée par M. Francisque Michel. *Paris*, 1832, br. in-8. pap. vél. 3 »

Manuel du libraire et de l'amateur de livres, par M. Jacq.-Ch. Brunet, quatrième édition originale. *Paris*, 1842-1844, 5 vol. gr. in-8. à 2 col. 150 »

Moralité de la vendition de Joseph, filz du patriarche Jacob : comment ses frères, esmeuz par envye, s'assemblerent pour le faire mourir.... *Paris*, 1835, in-4. goth. format d'agenda, pap. de Holl. 36 »

Moralité de Mundus, Caro, Demonia, à cinq personnages. — Farce des deux savetiers, à trois personnages. *Paris*, Silvestre, 1838, in-4. goth. format d'agenda. 12 »

Moralité nouvelle du mauvais riche et du ladre, à douze personnages. (*Paris*, 1833,) pet. in-8. goth. 9 »
 Pap. de Holl. (à 10 exempl.). 12 »
 Pap. de Chine (à 4 exempl.). 15 »

Moralité très singulière et très bonne des blasphemateurs du nom de Dieu. (*Paris*, 1831,) pet. in-4. goth., format d'agenda, pap. de Holl. 36 »

Mystère de saint Crespin et saint Crespinien, publié pour la première fois par L. Dessalles et P. Chabaille. *Paris*, 1836, gr. in-8. orné d'un fac-simile. 14 »
 Pap. de Holl. (*fac-simile* sur vélin). 30 »
 Pap. de Chine. 30 »

Nouveaux documents inédits ou peu connus sur
Montaigne, recueillis et publiés par le D J.-F.
Payen. In-8. de 68 pages, avec plusieurs *fac-simile*, gr. pap. vergé fort. 3 »
    Grand papier vélin, *fac-simile* sur papier du
XVI siècle. 6 »
Documents inédits sur Montaigne, recueillis et publiés par le D J.-F. Payen. N° 3. Ephémérides,
lettres, et autres pièces autographes et inédites
de Michel de Montaigne et de sa fille Eléonore.
In-8 3 »
    Tiré à 100 exemplaires.
Poésies françoises de J. G. Alione (d'Asti), composées de 1494 à 1520 ; avec une notice biographi-
que et bibliographique par M. J.-C. Brunet. *Paris*,
1836, pet. in-8. goth. orné d'un *fac-simile*. 15 »
Proverbes basques, recueillis (et publiés avec une
traduction française) par Arnauld Oihenart. *Bordeaux*, 1847, in-8. 10 »
Recueil de réimpressions d'opuscules rares ou curieux relatifs à l'histoire des beaux-arts en France,
publié par les soins de MM. T. Arnauldet, Paul
Chéron, Anatole de Montaiglon. In-8. papier de
Hollande (tirage à 100 exemplaires).
    I. Ludovicus Henricus Lomenius, Briennæ Comes, de
pinacotheca sua. 1 »
    II. Vie de François Chauveau, graveur, et de ses deux
fils, Evrard, peintre, et René, sculpteur, par J.-M. Pa-
pillon. 3 50
Relation des principaux événements de la vie de
Salvaing de Boissieu, premier président en la
chambre des comptes de Dauphiné, suivie d'une
critique de sa généalogie, et précédée d'une Notice historique, par Alfred de Terrebasse. *Lyon*,
imprim. de Louis Perrin, 1850, in-8. fig. 7 »
Roman de Mahomet, en vers, du XIII siècle, par
Alex. du Pont, et livre de la loi au Sarrazin, en
prose, du XIV siècle, par Raymond Lulle; publiés pour la première fois, et accompagnés de

notes, par MM. Reinaud et Francisque Michel. *Paris*, 1831, gr. in-8. pap. vél., avec deux *fac-simile* coloriés. 12 »

ROMAN DE LA VIOLETTE ou de Gérard de Nevers, en vers, du XIIIe siècle, par Gibert de Montreuil, publié pour la première fois par M. Francisque Michel. *Paris*, 1834, gr. in-8. pap. vél. avec trois *fac-simile* et six gravures entourées d'arabesques et tirées sur papier de Chine. 36 »
    Pap. de Chine. 60 »

ROMAN (LE) DE ROBERT LE DIABLE, en vers, du XIIIe siècle, publié pour la première fois par G.-S. Trebutien. *Paris*, 1837, pet. in-4. goth. à deux col., avec lettres tourneures et grav. en bois. 20 »
    Pap. de Holl. 30 »
    Pap. de Chine. 36 »

ROMAN DU SAINT-GRAAL, publié pour la première fois par Francisque Michel. *Bordeaux*, 1841, in-12. 4 »

ROMANS (LI) de Bauduin de Sebourc, IIIe roy de Jhérusalem, poème du XIVe siècle, publié pour la première fois (par M. L. Bota). *Valenciennes*, 1841, 2 vol. gr. in-8. br. 28 »

TABLE des auteurs et des prix d'adjudication des livres composant la bibliothèque de M. le comte de La B*** (La Bédoyère). Gr. in-8. pap. vél. 2 50

TABLE des prix d'adjudication des livres composant la bibliothèque de M. L*** (Libri). *Paris*, 1847, in-8. 1 50

TABLE des prix d'adjudication des livres composant la bibliothèque de M. l. m. d. R. (du Roure). *Paris*, 1848, in-8. 1 25

TRÉSOR des origines, ou dictionnaire grammatical raisonné de la langue française, par Ch. Pougens. *Paris*, Imp. Roy., 1819, in-4. 6 »
    Pap. vél. 9 »

MANUEL
DE
L'AMATEUR D'ESTAMPES
PAR M. CH. LE BLANC

OUVRAGE DESTINÉ A FAIRE SUITE AU

Manuel du Libraire et de l'Amateur de Livres

PAR M. J.-CH. BRUNET

Conditions de la Publication.

Le *Manuel de l'Amateur d'Estampes* sera publié en 16 livraisons, composées chacune de dix feuilles, ou 160 pages gr. in-8°, à deux colonnes, imprimées sur papier vergé, avec monogrammes intercalés dans le texte. Le prix de chaque livr. est fixé à 4 fr. 50 c.; il est tiré quelques exempl. sur *papier vélin* au prix de *huit francs* la livraison.

LES 7 PREMIÈRES LIVRAISONS (**A-Laan**) SONT EN VENTE.

La 8ᵉ livraison paraîtra le 15 février 1856, les suivantes dans un délai rapproché.

RECUEIL
DE
CHANSONS, SATIRES, ÉPIGRAMMES
Et autres poésies relatives à l'histoire des XVIᵉ, XVIIᵉ et XVIIIᵉ siècles

CONNU SOUS LE NOM DE

RECUEIL DE MAUREPAS

PUBLIÉ PAR M. ANATOLE DE MONTAIGLON

Ancien Élève de l'Ecole des Chartes
Membre résidant de la Société des Antiquaires de France.

Le **Recueil de Maurepas** sera publié en six forts volumes grand in-8° à 2 colonnes, imprimés sur beau papier vergé, en caractères neufs. Il paraîtra un volume tous les deux mois. Le prix est fixé à 25 fr. par volume, ou 150 fr. pour l'ouvrage complet. Chaque volume sera payé au moment de la livraison. Il ne sera tiré que 200 exemplaires. L'ouvrage sera mis sous presse aussitôt que cent exemplaires auront été souscrits. Les souscriptions sont reçues chez P. Jannet, éditeur, rue de Richelieu, 15, à Paris

LA MUSE HISTORIQUE
ou
RECUEIL DES LETTRES EN VERS
CONTENANT LES NOUVELLES DU TEMPS, ECRITES A SON ALTESSE
MADEMOISELLE DE LONGUEVILLE, DEPUIS DUCHESSE
DE NEMOURS. (1650—1665.)
Par J. LORET.

*Nouvelle édition, revue sur les manuscrits et sur les éditions originales
et augmentée d'une table générale des matières,*
par ÉD. V. DE LA PELOUSE et J. RAVENEL.

Les Lettres en vers de Loret sont assurément un des ouvrages les plus curieux à consulter, une des sources les plus abondantes en précieux renseignements auxquelles il soit possible de puiser, pour quiconque veut étudier avec soin l'histoire politique ou littéraire de la France pendant la période de temps qu'embrasse cette gazette rimée. Pour seize années de la vie du grand siècle, on y trouve, en effet, outre la relation de tous les actes importants de la minorité et des premiers jours du règne de Louis XIV, le récit détaillé de ces mille petits faits divers qui préparent, qui expliquent les grands événements; qui ont passé presque inaperçus des contemporains eux-mêmes, et dont les plus pénibles et les plus minutieuses recherches n'amèneraient pas toujours l'historien à saisir la trace ailleurs. Là, toutefois, ne se borne pas le mérite de la *Muse historique*. Un certain attrait nous pousse tous, plus ou moins, à rechercher les particularités intimes de la vie des personnages que l'histoire fait poser devant nous; cette curiosité est, ici, très amplement satisfaite. Bruits de la ville, nouvelles de la cour, entrées princières, fêtes publiques, festins royaux, représentations théâtrales, bals et ballets, mystères de la ruelle et parfois de l'alcôve, Loret tient note de tout, révèle tout, décrit tout en vers abondants et faciles, spirituels et naïfs, burlesques mais pleins de bon sens, libres mais non effrontés, empreints toujours d'un profond respect pour la vérité.

Ces qualités, aujourd'hui bien reconnues, et le haut prix qu'atteignent dans les ventes publiques les exemplaires même imparfaits de la *Muse historique* nous ont décidé à réimprimer ce livre. Les éditeurs, indépendamment de ce qu'il leur a été possible de se procurer des lettres originales imprimées, ont fort utilement consulté deux manuscrits des bibliothèques Impériale et de l'Arsenal. Un troisième, inappréciable volume relié aux armes de Fouquet et de la comtesse de Verrue, auxquels il a successivement appartenu, a été mis à leur disposition avec la plus gracieuse obligeance par son possesseur actuel, M. Grangier de la Marinière, le zélé bibliophile. Ces diverses communications, la dernière surtout, ont permis de faire disparaître presque entièrement les voiles souvent bien épais que, lors de l'impression de sa gazette, Loret a jetés, par prudence, sur un grand nombre de figures de son musée historique.

Rien n'a été négligé, sous le rapport des soins littéraires, pour que cette nouvelle édition soit digne des amateurs auxquels elle est destinée. L'exécution matérielle sera dirigée de manière à satisfaire les plus difficiles.

L'ouvrage, sous presse, se composera de 4 forts volumes grand in-8° à 2 colonnes. — Prix de chaque volume : 15 fr.

5172.—Paris, imprimerie Guiraudet et Jouaust, 338, r. S.-Honoré.

www.ingramcontent.com/pod-product-compliance
Lightning Source LLC
Chambersburg PA
CBHW071249160426
43196CB00009B/1221